Antônio Carlos Cintra do Amaral

CONCESSÃO DE SERVIÇO PÚBLICO

*2ª edição,
revista, atualizada e ampliada*

CONCESSÃO DE SERVIÇO PÚBLICO

© Antônio Carlos Cintra do Amaral

1ª edição, 1996.

ISBN 85-7420-455-2

Direitos reservados desta edição por
MALHEIROS EDITORES LTDA.
Rua Paes de Araújo, 29, conjunto 171
CEP 04531-940 — São Paulo — SP
Tel.: (0xx11) 3078-7205
Fax: (0xx11) 3168-5495
URL: www.malheiroseditores.com.br
e-mail: malheiroseditores@zaz.com.br

Composição
PC Editorial Ltda.

Capa
Criação: Vânia Lúcia Amato
Arte: PC Editorial Ltda.

Impresso no Brasil
Printed in Brazil
09-2002

SUMÁRIO

Prefácio à 1ª Edição 9
Nota Introdutória à 2ª Edição 13

1. REGIME CONSTITUCIONAL E LEGAL DA CONCESSÃO DE SERVIÇO PÚBLICO
   1.1 Disciplina constitucional e legal da concessão de serviço público 15
   1.2 Concessão e permissão de serviço público 16
   1.3 Conceito de "serviço público" 17
   1.4 Conceito de serviço público passível de concessão 18

2. NOÇÕES PRELIMINARES E DISTINÇÕES BÁSICAS
   2.1 A concessão de serviço público na atualidade brasileira 21
   2.2 Taxa, tarifa (preço público), preço (privado) e preço semiprivado ou quase-privado 22
   2.3 Caracterização jurídica da remuneração paga pelo usuário à concessionária de serviço público 23
   2.4 O dever de licitar 27
   2.5 Subcontratação, subconcessão e transferência da concessão . 29
   2.6 Licitação para subconcessão e para transferência da concessão 30
   2.7 Distinção entre "concessão" e "terceirização" 34
   2.8 Fiscalização da concessão 36

3. TIPOS LEGAIS DE CONCESSÃO DE SERVIÇO PÚBLICO 39

4. PRINCÍPIOS DA LICITAÇÃO
   4.1 Elenco legal dos princípios licitatórios 42
   4.2 Legalidade 42
   4.3 Moralidade 42
   4.4 Publicidade 43
   4.5 Igualdade 44
   4.6 Julgamento objetivo 45
   4.7 Vinculação ao instrumento convocatório 45

4.8　O princípio da razoabilidade 46

5. PLANEJAMENTO DA CONCESSÃO

5.1　O processo de contratação 48
5.2　Planejamento da contratação 49
5.3　Requisitos de participação 54
　　5.3.1　*Garantia de cumprimento de proposta* 54
　　5.3.2　*Exigência de constituição de uma nova pessoa jurídica* 55
　　5.3.3　*Subcontratações* 56

6. MODALIDADES DE LICITAÇÃO

6.1　Concorrência 57
6.2　Leilão 58
6.3　Escolha da modalidade de licitação 58

7. O EDITAL DA LICITAÇÃO

7.1　Ato de justificação prévia e audiência pública 61
7.2　Publicidade e impugnação do edital 62
7.3　Conteúdo do edital 63

8. HABILITAÇÃO OU QUALIFICAÇÃO

8.1　Habilitação ou qualificação econômico-financeira
　　8.1.1　*Nota introdutória* 64
　　8.1.2　*Capital ou patrimônio líquido mínimo* 64
　　8.1.3　*Habilitação ou qualificação econômico-financeira de consórcios* 68
8.2　Habilitação ou qualificação técnica
　　8.2.1　*Modalidades de capacidade técnica* 74
　　8.2.2　*Capacidade técnica específica* 74

9. JULGAMENTO DE PROPOSTAS 78

9.1　Lei 8.666/1993
　　9.1.1　*Tipos de licitação* 78
　　9.1.2　*Licitação de menor preço* 78
　　9.1.3　*Licitações de melhor técnica e de técnica e preço* 79
9.2　Lei 8.987/1995
　　9.2.1　*Tipos de licitação* 82
　　9.2.2　*Fixação da tarifa* 84
　　9.2.3　*Desclassificação de propostas* 84
　　9.2.4　*Desempate* 85

10. PRAZO DA CONCESSÃO E SUA PRORROGAÇÃO

10.1　Relação entre o prazo e a equação econômica do contrato de concessão 86

SUMÁRIO

    10.2   Noção de "interesse público" 87
    10.3   Prorrogação do prazo da concessão 88

11. REAJUSTE E REVISÃO DE TARIFAS 91

    11.1   Contratos de obras, serviços contínuos e compra e venda de bens para entrega futura
        11.1.1   Conceito de "reajuste de preços" 91
        11.1.2   Conceito de "revisão de preços" 92
    11.2   Contrato de concessão de serviço público 95

12. EXTINÇÃO DA CONCESSÃO

    12.1   Modalidades de extinção 100
    12.2   Advento do termo contratual 100
    12.3   Encampação 102
    12.4   Caducidade 102
    12.5   Rescisão 104
    12.6   Anulação 104
    12.7   Falência ou extinção da concessionária 105
    12.8   Rescisão amigável 105

13. DISCIPLINA LEGAL DAS CONCESSÕES EXISTENTES NA DATA DO INÍCIO DA VIGÊNCIA DA LEI 8.987/1995 107

APÊNDICE 111

    I –   Distinção entre "usuário de serviço público" e "consumidor"   113
    II – Concessão de serviço público: validade de leis estaduais ou municipais que estipulam isenção de tarifa 119
    III – Formação de consórcio. Escolha de parceiro por empresa estadual. Desnecessidade de licitação 130
    IV – Utilização de faixa de domínio, em rodovias concedidas, por outras concessionárias de serviço público 139

Indicações Bibliográficas sobre Concessão de Serviço Público no Brasil 155

Bibliografia citada 156

Índice Alfabético-Remissivo 159

PREFÁCIO À 1ª EDIÇÃO

Tive a oportunidade, no ano passado, de publicar, pela MALHEIROS EDITORES, monografia sob o título *Licitação para Concessão de Serviço Público*. Esgotada a edição, a mesma Editora honrou-me, mais uma vez, com a solicitação para que escrevesse uma nova, revista e ampliada.

Ao atender ao convite, decidi incluir nesta nova edição capítulos que não se referem à *licitação* para concessão de serviço público, mas sim ao *contrato* de concessão e sua extinção. Além de dedicar algumas páginas às concessões vigentes quando do surgimento da nova legislação (Leis 8.987/1995 e 9.074/1995).

Passou a ser, portanto, um trabalho novo, embora incorporando – revisto e atualizado – o conteúdo do anterior. O próprio título teve que ser mudado.

A preocupação, ao reelaborá-lo, continuou sendo didática. E uma de suas funções – mas não a única – é servir de material de apoio a seminários realizados pelo CELC – Centro de Estudos sobre Licitações e Contratos, por mim conduzidos há 15 anos.

Permito-me transcrever parte da "Nota Preliminar" do trabalho anterior:

"As atividades da organização moderna – pública ou privada – exigem cada vez mais o trabalho em equipes multifuncionais ou interdisciplinares. Não nos é dado concordar ou não com essa tendência e sim procurar viabilizá-la adequadamente. Precisamos, todos, sair de nossas 'torres de marfim', destruir as compartimentações, deixar de supervalorizar nossas formações, simplificar nossa linguagem técnica, tornando-a tão comum quanto possível, e enfrentar o desafio. Recusá-lo constitui ou demonstração de incompreensão diante de novas realidades, ou insegurança. Ou ambas. Estamos trabalhando *na* e *com* a organização. A visão científica serve como suporte fundamental. Mas há que adaptá-la a necessidades técnicas, empresariais e organizacionais.

"A nova legislação sobre concessão de serviço público está a exigir de todos nós domínio conceitual e técnico. Domínio jurídico, mas também – e igualmente – administrativo e econômico-financeiro.

"Estamos prestes a ingressar em um novo século. A realidade em que vivemos muda rapidamente. Seria ingenuidade pensar que o instituto da concessão de serviço público está com sua implantação garantida pelo fato de existir uma norma constitucional ou uma lei ou qualquer outra norma jurídica, por melhor que seja. Ou que fosse, já que a nova legislação deixa muito a desejar, quer em seu conteúdo, quer em sua forma. Sua implantação, em termos 'modernos', depende em grande parte de todos nós, profissionais que atuamos na área. Tal afirmação pode ser feita desde que não nos esqueçamos de que o papel principal está reservado à sociedade, que deverá ingressar no novo século consciente desse papel, aberta a novos desafios e sem ilusões quanto à possibilidade de serem adotadas em nosso país fórmulas mágicas, desconformes com nossa realidade específica, importadas sem visão crítica, por mera imitação.

"Os profissionais com formação jurídica estão particularmente desafiados nesse contexto. Por um lado, é-lhes exigido lidar com uma doutrina jurídica elaborada especialmente na Europa, no começo deste século, e reelaborá-la com vista à nossa realidade atual. Por outro lado, devem conseguir transmitir seus conhecimentos jurídicos não apenas a profissionais de igual formação, mas também de outras formações.

"Espero que este trabalho seja acessível não apenas aos participantes dos seminários CELC, mas a todos aqueles que se interessem pelo assunto, independentemente de sua formação profissional."

Acrescento que a questão da prestação de serviços públicos no Brasil é – e será – de excepcional relevância. Lembra o jurista argentino Héctor Escola (*El Interés Público como Fundamento del Derecho Administrativo*, Buenos Aires, Depalma, 1989, p. 120) que "se diz, com razão, que o grau de desenvolvimento e progresso de um país se mede pelo grau de organização e prestação de seus serviços públicos e a satisfação com que os usuários os utilizam".

Por outro lado, há que se definir adequadamente o papel do Estado no processo. Não é razoável que o Estado pura e simplesmente transfira o exercício de serviços públicos e com isso considere cessada sua responsabilidade. Nesse sentido, o Presidente da República afirmou, em entrevista à revista *Veja* de 17.1.1996: "É simples vender siderúrgicas e petroquímicas. Por quê? Porque não são empresas prestadoras de serviços públicos. Houve certa reação, mas as empresas foram leiloadas. Agora o processo entra na área dos serviços públicos. Aí, ou você prepara o Estado para preservar alguns interesses, ou não tem como privatizar".

Ou, como adverte Escola (ob. cit., p. 123): "(...) a garantia da boa prestação dos serviços públicos, qualquer que seja o sistema que se adote para executá-los, é a existência de uma Administração Pública competente, capaz e eficiente (...)".

São Paulo, agosto de 1996

NOTA INTRODUTÓRIA À 2ª EDIÇÃO

Escrevi este livro há exatos seis anos. Ele resultou da ampliação do meu *Licitação para Concessão de Serviço Público*, escrito em junho de 1995. As Leis 8.987 e 9.074 haviam sido editadas há pouco tempo. Mal se iniciavam a aplicação e observância de suas normas.

No Brasil a experiência de concessões de serviço público à iniciativa privada era antiga. Praticamente cessou na década de 60, após o quê restou a concessão da *Light*, cujo controle acionário foi adquirido pela União na segunda metade da década de 70.[1] Abrangeu alguns setores, como o de energia elétrica, o de ferrovias, o de telefonia e o de gás canalizado. As concessionárias eram empresas estrangeiras e o regime jurídico das concessões não se encontrava devidamente balizado por normas postas. A realidade sócio-econômica também era outra, completamente diferente da atual, caracterizada por uma inusitada globalização da economia, resultante de uma verdadeira revolução tecnológica. Havia, portanto, um caminho novo a percorrer.

Esta nova edição, que mais uma vez conta com o honroso selo de MALHEIROS EDITORES, serve para incorporar reflexões pessoais sobre a experiência desses seis anos. Busquei dar maior clareza às distinções conceituais, sem esquecer que lidamos com o ordenamento jurídico vigente no país. Vale dizer: com o *Direito Brasileiro*, pleonasticamente dito *Positivo*.

O objetivo continua a ser prático, sem que isso importe desprezar as noções teóricas indispensáveis à melhor compreensão dos problemas concretos que enfrentamos em nossa atividade profissional. Esta

---

1. Sobre a evolução das concessões de serviços públicos no Brasil, v. excelente estudo sob esse título, de autoria de Adriano Murgel Branco, incluído no livro *Política Energética e Crise de Desenvolvimento,* por ele organizado (pp. 249-284).

nova edição continua, assim, a dirigir-se sobretudo aos operadores do Direito. Mas não apenas a estes: também aos profissionais de outras formações que buscam obter informações jurídicas para melhor atuarem na organização moderna, que exige de todos nós, cada vez mais, trabalho em equipes interdisciplinares e multifuncionais.

São Paulo, agosto de 2002

O AUTOR

E-mail: cintradoamaral@celc.com.br
http://www.celc.com.br
R. Pedro de Toledo, 108 – 12º andar
04039-000 – São Paulo/SP

1

REGIME CONSTITUCIONAL E LEGAL DA CONCESSÃO DE SERVIÇO PÚBLICO

1.1 Disciplina constitucional e legal da concessão de serviço público. 1.2 Concessão e permissão de serviço público. 1.3 Conceito de "serviço público". 1.4 Conceito de serviço público passível de concessão.

1.1 Disciplina constitucional e legal da concessão de serviço público

O serviço público pode ser prestado diretamente pelo Poder Público – União, Estado, Distrito Federal ou Município – ou sob regime de concessão ou permissão. É o que dispõe o art. 175 da Constituição Federal.

Esse dispositivo constitucional prevê a produção de uma lei. Mais precisamente: "Art. 175. Incumbe ao Poder Público, na forma da lei, diretamente ou sob regime de concessão ou permissão, sempre através de licitação, a prestação de serviços públicos".

Tem sido entendido que essa lei referida no dispositivo constitucional é uma lei *nacional*,[1] que não exclui a competência da União, Estados, Distrito Federal e Municípios de produzirem suas leis próprias, aplicáveis em suas respectivas esferas naquilo que não conflitem com a lei nacional.

Usando de uma competência a ela implicitamente conferida pela Constituição, a União editou as Leis 8.987, de 13.2.1995, e 9.074, de

---

1. Sobre o conceito de *lei nacional*, v. o estudo sobre "Concessão de serviço público: validade de leis estaduais ou municipais que concedem isenção de tarifa", constante do *Apêndice* a este livro.

7.7.1995. A Lei 8.987/1995 é uma lei nacional. Já a Lei 9.074/1995 contém normas de caráter *nacional*, como as dos Capítulos I e IV, e normas aplicáveis apenas à esfera *federal*, como as dos Capítulos II e III.

Tanto a licitação para concessão de serviço público quanto o respectivo contrato são regidos por essas leis. Mas também pela Lei 8.666, de 21.6.1993.

Dispõe o § 1º do art. 2º da Lei de Introdução ao Código Civil Brasileiro: "§ 1º. A lei posterior revoga a anterior quando expressamente o declare, quando seja com ela incompatível ou quando regule inteiramente a matéria de que tratava a lei anterior".

As Leis 8.987/1995 e 9.074/1995 não declararam revogada a Lei 8.666/1993, não são com ela incompatíveis, nem regulam inteiramente a matéria por ela tratada.

Por outro lado, dispõe o art. 124 da Lei 8.666/1993, em seu *caput*: "Art. 124. Aplicam-se às licitações e aos contratos para permissão ou concessão de serviços públicos os dispositivos desta Lei que não conflitem com a legislação específica sobre o assunto".

Poder-se-ia argumentar que na época da edição da Lei 8.666/1993 ainda não existiam leis específicas sobre concessão de serviço público. Mas as leis têm aplicação duradoura, e, em seu *sentido atual*, essa norma do art. 124 é referida à legislação específica *vigente*, ou seja, às Leis 8.987/1995 e 9.074/1995.

Mais ainda: o art. 14 da Lei 8.987/1995 é explícito: "Art. 14. Toda concessão de serviço público, precedida ou não da execução de obra pública, será objeto de prévia licitação, *nos termos da legislação própria* e com observância dos princípios da legalidade, moralidade, publicidade, igualdade, do julgamento por critérios objetivos e da vinculação ao instrumento convocatório" (grifei).

A existência de leis nacionais – convém repetir – não exclui a de leis estaduais e municipais. Nesse caso, por exemplo, está a Lei estadual (de São Paulo) 7.835, de 8.5.1992, que, embora anterior às Leis 8.987/1995 e 9.074/1995, continua em vigor naquilo que com estas não conflita.

1.2 Concessão e permissão de serviço público

O art. 175 da Constituição prevê os regimes de *concessão* e de *permissão* de serviço público. Tanto um quanto o outro foram disciplinados pela legislação específica.

A concessão e a permissão têm pontos em comum: a) ambas constituem modalidade de prestação indireta de serviço público; b) ambas são passíveis de licitação prévia; e c) ambas surgem no mundo jurídico mediante um *contrato*, embora a legislação específica tenha sido, nesse aspecto, muito criticada, na medida em que a permissão sempre foi conceituada pela doutrina como ato administrativo unilateral.

Distinguem-se os referidos institutos porque: a) a permissão, ao contrário da concessão, é precária, podendo ser extinta unilateralmente a qualquer tempo pelo Poder Público sem que a permissionária tenha direito a qualquer indenização; b) a concessão é precedida sempre de *concorrência*, podendo, nos casos de privatização de serviços públicos federais, ser precedida de *leilão*, enquanto a permissão pode ser precedida de qualquer modalidade de *licitação*; e c) a concessão é outorgada a pessoa jurídica ou consórcio de empresas, enquanto a permissão pode ser outorgada a pessoa física.

1.3 Conceito de "serviço público"

Páginas e páginas têm sido escritas na tentativa de identificar a "essência" ou a "natureza" do serviço público. Mera perda de tempo. O conceito de "serviço público" é um conceito jurídico-positivo. *Serviço público* é o que o ordenamento jurídico de um dado país diz que é. No Brasil serviço público é o que o Direito Brasileiro define como tal.

A Constituição Federal atribui determinadas atividades ao Poder Público. Entre essas atividades estão os "serviços públicos". Outras atividades, ditas "atividades econômicas", são por ela atribuídas à iniciativa privada. São as atividades comerciais, industriais, agropecuárias e de prestação de serviços em geral. Um terceiro grupo de atividades, como as relativas à saúde e à educação, é atribuído simultaneamente ao Poder Público e à iniciativa privada. Os "serviços públicos", de *titularidade* do Poder Público, podem ser por este *exercidos* direta ou indiretamente, neste caso mediante concessão ou permissão. As "atividades econômicas", de *titularidade* de empresas privadas, podem excepcionalmente ser *exercidas* pelo Poder Público, nos termos do art. 173 da Constituição.

Por que uma determinada atividade está incluída, na Constituição, na categoria de serviço público? Simplesmente porque o constituinte assim decidiu.

Tome-se um exemplo bastante elucidativo. O serviço de gás canalizado é considerado pela Constituição como "serviço público", de titularidade dos Estados, que podem explorá-lo diretamente ou mediante concessão (§ 2º do art. 25). Já o fornecimento de gás liquefeito de petróleo (GLP) inclui-se na categoria geral de "atividade econômica", simplesmente regulada pelo Poder Público. É possível averiguar-se o que levou o constituinte a essa distinção, identificando-se as razões de caráter *histórico, econômico* ou *político* que a motivaram. *Juridicamente*, porém, a distribuição de gás canalizado é "serviço público" e o fornecimento de GLP é "atividade econômica" – e é com essa realidade que lidam o cientista e o operador do Direito. Não teria sentido dizer-se que a distribuição de gás canalizado é, na sua "essência" ou "natureza", um "serviço público", enquanto o fornecimento de GLP é, na sua "essência" ou "natureza", uma "atividade econômica". Revogue-se o § 2º do art. 25 da Constituição, e gás canalizado passa a ser "atividade econômica".

Outro equívoco é falar-se em serviço público *essencial*. A prestação dos serviços públicos é *dever* do Poder Público, que pode prestá-los direta ou indiretamente. Se uma determinada atividade foi definida pelo ordenamento jurídico como "serviço público", ela é essencial à comunidade. Não há serviços públicos *essenciais* e serviços públicos *não-essenciais*. Nem serviços públicos *mais essenciais* e *menos essenciais*. O Poder Público tem o dever de prestar, adequada e continuamente, todos os serviços públicos, como tais definidos pelo ordenamento jurídico. Pode simplesmente optar entre a prestação direta e a indireta.

É possível distinguir serviços públicos de *utilização obrigatória*, como o fornecimento de água e esgotamento sanitário, e de *utilização facultativa*, como os demais. Mesmo essa distinção, porém, não significa que haja serviços públicos mais importantes (ou essenciais) do que outros. Todos são, à luz do Direito, igualmente importantes (ou essenciais).

1.4 Conceito de serviço público passível de concessão

Mais específico ainda é o conceito de "serviço público passível de concessão ou permissão". O art. 175 da Constituição dispõe que: "Incumbe ao Poder Público, na forma da lei, diretamente ou sob regime de concessão ou permissão, sempre através de licitação, a prestação de serviços públicos". Cabe indagar, à vista do texto constitucional, se todo serviço público, como tal atribuído à esfera de atuação do Poder Público pela Constituição e pela lei, é passível de concessão ou permissão. É evidente que todo serviço público pode ser prestado diretamente pelo Poder Público à sociedade. Mas a questão é: todo e qualquer serviço público pode ser prestado indiretamente, por intermédio de uma concessionária ou permissionária?

À luz do Direito Brasileiro a resposta a esta questão é negativa. Somente o serviço público *específico* e *divisível*, que possa ser prestado ao usuário mediante pagamento de uma *tarifa*, é passível de concessão ou permissão. Se o serviço é *específico* e *divisível*, ele pode ser prestado: a) *diretamente* pelo Poder Público (ou simplesmente posto à disposição), mediante pagamento de uma *taxa*; ou b) *indiretamente* pelo Poder Público, mediante concessão ou permissão, e – *desde que efetivamente prestado* – remunerado mediante pagamento de uma *tarifa*.

Estranhamente, a Lei 9.074/1995 (art. 2º) determina que a concessão ou permissão de serviço público depende de lei autorizativa, exceto nos casos de *saneamento básico* e *limpeza urbana*.

Dispenso-me de maiores comentários sobre a flagrante inconstitucionalidade desse dispositivo legal, que invade a esfera de competência atribuída pela Constituição aos Municípios (trata-se de norma de caráter *federal*, e não *nacional*). Limitar-me-ei a abordar a impropriedade técnico-jurídica em que incorreu o legislador ao considerar saneamento básico e limpeza urbana como serviços públicos passíveis de concessão ou permissão.

Adotada a interpretação sistemática, verifica-se que *saneamento básico* não é, no Direito Brasileiro, serviço público passível de concessão ou permissão. O que é passível de concessão ou permissão é o serviço público de fornecimento de água e esgotamento sanitário, contido na categoria mais ampla de saneamento básico. É o fornecimento de água e esgotamento sanitário que se caracteriza como serviço público específico e divisível, cuja prestação efetiva é remunerável pelo usuário mediante pagamento de tarifa.

Por outro lado, também *limpeza urbana* não se caracteriza como serviço público passível de concessão ou permissão. As atividades envolvidas no serviço de limpeza urbana nem sempre são específicas. A limpeza e manutenção de vias e logradouros públicos, por exemplo, são inespecíficas, beneficiando não apenas seus moradores, mas também os que neles trafegam ou deles se utilizam. A coleta de lixo, por sua vez, é específica. Nenhuma delas, porém, é divisível. Com esse argumento o Supremo Tribunal Federal considerou, em dezembro de 1996, inconstitucional a taxa de limpeza urbana que se cobrava no Município de São Paulo. Seu custeio – decidiu o Supremo Tribunal Federal – deveria ser efetuado "por meio do produto da arrecadação dos impostos gerais".

Quando o serviço é prestado *indiretamente*, mediante concessão, ele é remunerado pelo usuário mediante *tarifa*. Para que isso ocorra o serviço também deve ser *específico* e *divisível*. Só que, enquanto a *taxa* é cobrável pelo serviço efetivamente prestado ou simplesmente posto à disposição pelo Poder Público, a cobrança de *tarifa* pressupõe a *efetiva* prestação do serviço pela concessionária.

O mesmo argumento que levou o Supremo Tribunal Federal a julgar inconstitucional a taxa de limpeza urbana inviabiliza a cobrança de tarifa pela concessionária. Inviabiliza, portanto, a concessão desse serviço. Os serviços de água, esgotamento sanitário, energia elétrica, gás canalizado, transporte e telefonia são divisíveis, mensuráveis. O serviço de limpeza urbana, não.[2]

Disso se conclui que as concessões do serviço público de limpeza urbana, que ora estão sendo outorgadas por alguns Municípios brasileiros, ou são inconstitucionais, ou se caracterizam como *terceirizações* (contratos de prestação de serviços), denominadas "concessões" para escapar ao prazo máximo de duração contratual (60 meses), contido no art. 57, II, da Lei 8.666/1993.

A Lei 9.074/1995 certamente não foi elaborada com o mesmo cuidado técnico-jurídico com que o foi a Lei 8.987/1995. Mais adiante, no art. 4º, trata como passíveis de concessão ou permissão de serviço público a geração, a transmissão e a distribuição de energia elétrica. No *Direito Brasileiro* (nunca é demais sublinhar), visto como *sistema* hierarquizado de normas jurídicas, no topo do qual está a Constituição, *geração* e *transmissão* de energia elétrica não se caracterizam como serviço público, embora sejam atividades indispensáveis à prestação de um serviço público passível de concessão ou permissão, que é a *distribuição* da energia gerada e transmitida. Esta, sim – a distribuição –, é atividade específica, divisível, e, quando efetivamente prestada, é remunerável pelo usuário mediante pagamento de tarifa.

---

2. É possível que o serviço de coleta de lixo venha a ser, em futuro próximo, passível de concessão, desde que viabilizada seja a mensuração do serviço efetivamente prestado a cada usuário. Até agora, pelo menos, isso não ocorreu.

2
NOÇÕES PRELIMINARES E DISTINÇÕES BÁSICAS

2.1 A concessão de serviço público na atualidade brasileira. 2.2 Taxa, tarifa (preço público), preço (privado) e preço semiprivado ou quase-privado. 2.3 Caracterização jurídica da remuneração paga pelo usuário à concessionária de serviço público. 2.4 O dever de licitar. 2.5 Subcontratação, subconcessão e transferência da concessão. 2.6 Licitação para subconcessão e para transferência da concessão. 2.7 Distinção entre "concessão" e "terceirização". 2.8 Fiscalização da concessão.

2.1 A concessão de serviço público na atualidade brasileira

Os serviços públicos são de titularidade do Poder Público (União, Estados, Distrito Federal e Municípios). Seu exercício pode ser delegado a entidades privadas ou vinculadas ao Poder Público (estas, em regra, sociedades de economia mista ou empresas públicas). A *titularidade* de um serviço público é sempre do Poder Público. Quando se diz que um serviço público é *concedido*, está-se a dizer que seu *exercício* foi delegado a uma empresa, estatal ou privada.

A concessão caracteriza-se, assim, como instrumento jurídico de prestação indireta, pelo Poder Público, de serviço público ao usuário. Prestação indireta, essa, que se faz por intermédio de empresa estatal ou privada.

Em função da Constituição de 1988 e das novas leis aprovadas – mas sobretudo em decorrência de uma política de reformulação do papel do Estado – têm surgido, nesses últimos anos, várias concessões outorgadas a empresas privadas. Nesse sentido, destacam-se concessões de rodovias, pontes e ferrovias, telecomunicações, energia elétrica, gás canalizado e algumas iniciativas no setor portuário.

2.2 Taxa, tarifa (preço público), preço (privado) e preço semiprivado ou quase-privado

O serviço público, quando prestado diretamente pelo Poder Público, é remunerado pelo usuário, efetivo ou potencial, mediante *taxa*. A taxa é uma espécie do gênero "tributo", cobrável pelo Poder Público "pela utilização, efetiva ou potencial, de serviços públicos específicos e divisíveis, prestados ao contribuinte ou postos à sua disposição" (art. 145, II, da CF). Quando o serviço é prestado indiretamente pelo Poder Público ao usuário, mediante concessão, é por este remunerado mediante *tarifa*. Esta é paga pelo usuário diretamente à concessionária, pela prestação *efetiva* do serviço.

Não há, pois, como confundir *taxa* e *tarifa*. Assim como não se podem confundir esses dois tipos de remuneração com o *preço*. Abstraindo os rótulos e concentrando a atenção nos conceitos, tanto a taxa quanto a tarifa são pagas pelo usuário do serviço público, ao Poder Público (taxa) ou à concessionária (tarifa). *Preço* é a contraprestação paga por uma das partes contratantes à outra em decorrência de um contrato, quer privado, quer administrativo, que tenha por conteúdo uma obrigação predominantemente de *dar* ou de *fazer* (contratos de compra e venda de bens, prestação de serviços, execução de obras e outros).

Vale exemplificar, para deixar clara a distinção entre *tarifa* e *preço*. Quando uma concessionária de energia elétrica contrata a execução de uma obra necessária à prestação do serviço público concedido, paga *preço* à construtora. Quando cobra do usuário uma remuneração pela prestação do serviço público a ela concedido, recebe *tarifa*. Outro exemplo: quando a concessionária cobra do usuário do serviço público de transporte ferroviário de passageiros uma remuneração pelo serviço prestado, recebe *tarifa* (o valor da passagem). Quando cobra, desse mesmo usuário, uma remuneração pela guarda, na estação ferroviária, de sua bagagem, recebe *preço*.

Muitos autores distinguem *taxa*, *tarifa* (ou *preço público*), *preço privado* e *preço semiprivado* ou *quase-privado*. Hely Lopes Meirelles (*Direito Municipal Brasileiro*, 12ª ed., p. 163) dá como exemplo de preço semiprivado ou quase-privado a remuneração pelo uso de bens de domínio público. Nessa linha, poder-se-ia dizer que a remuneração que a concessionária paga à Administração pela outorga da concessão, que pode até ser critério de julgamento de propostas (art. 15 da Lei 8.987/1995), seria preço semiprivado ou quase-privado.

A distinção pode ser assim apresentada, relativamente à prestação de serviços públicos:

Taxa	Tributo cobrado diretamente pelo Poder Público pela utilização efetiva ou potencial de serviço público específico e divisível.
Tarifa (preço público)	Remuneração cobrada por concessionária pela utilização efetiva de serviço público concedido.
Preço (privado)	Remuneração correspondente à contraprestação paga por uma das partes contratantes a outra(s) pelo cumprimento de obrigação de dar ou fazer, quer nos contratos privados, quer nos contratos administrativos.
Preço semiprivado ou quase-privado	Remuneração paga pela concessionária ao poder concedente pela outorga da concessão.

Mais adiante, no capítulo referente a "Julgamento de Propostas" (Capítulo 9), ver-se-á que a Lei 8.987/1995 fez, em seu art. 9º, confusão entre os conceitos, de sorte a provocar uma aparente contradição não apenas dentro da própria fórmula literal do artigo, mas também em relação ao art. 15 da mesma lei.

2.3 Caracterização jurídica da remuneração paga pelo usuário à concessionária de serviço público

A Constituição de 1967, com a Emenda Constitucional 1/1969, previa a instituição de três espécies de tributos (art. 18, *caput*): a) impostos; b) taxas; e c) contribuição de melhoria.

Por sua vez, dispunha a Constituição em seu art. 167: "Art. 167. A lei disporá sobre o regime das empresas concessionárias de serviços públicos federais, estaduais e municipais, estabelecendo: I – obrigação de manter serviço adequado; II – tarifas que permitam a justa remuneração do capital, o melhoramento e a expansão dos serviços e assegurem o equilíbrio econômico e financeiro do contrato; e III – fiscalização permanente e revisão periódica das tarifas, ainda que estipuladas em contrato anterior".

Duas correntes doutrinárias se confrontavam quanto à interpretação desse art. 167. Uma entendendo que toda atuação estatal diretamente referida aos cidadãos – como é o caso dos serviços públicos – seria remunerada mediante *taxa*, independentemente de quem estivesse atuando, se o Poder Público, diretamente, ou indiretamente, mediante concessão. Para os que sustentavam essa tese a expressão "tarifas", contida no dispositivo constitucional, devia ser entendida como sinônimo de "taxas". A outra sustentando a opinião de que *taxa* e *tarifa* eram conceitos juridicamente distintos, sendo a *tarifa*, paga pelo usuário do serviço público à concessionária, não um *tributo*, mas um *preço público*.

Sempre me pareceu, em debates na Faculdade de Direito da PUC/SP, onde fui professor de Direito Econômico, que *taxa* e *tarifa* eram, à luz do texto constitucional, conceitos distintos. Quando o Poder Público prestava serviço público diretamente ao usuário, exercia seu poder impositivo e cobrava *taxa*. Quando prestava esse serviço indiretamente, mediante concessão, a concessionária cobrava *tarifa*.

A questão não era – e continua não sendo – acadêmica. Se o que a concessionária cobrava do usuário era *taxa*, espécie de *tributo*, ficava ela subordinada aos princípios constitucionais da *legalidade* e da *anualidade*.

Parecia-me que, analisado o art. 167 em seu conjunto, não se podia entender a expressão "tarifas" como sinônimo de "taxas", mesmo que se abstraísse sua literalidade. Porque esse dispositivo constitucional previa o respeito ao equilíbrio econômico-financeiro do contrato de concessão. Evidentemente, esse equilíbrio poderia ser rompido a qualquer tempo, em conseqüência de um fato superveniente e imprevisível, fazendo surgir o dever do poder concedente de rever a tarifa, a fim de assegurá-lo – restabelecendo-o –, de acordo com o preceito constitucional. Se essa medida dependesse de aprovação de lei (*princípio da legalidade*), que – mais ainda – só entraria em vigor no exercício seguinte ao de sua publicação (*princípio da anualidade*), também me parecia evidente que dificilmente o equilíbrio econômico-financeiro poderia ser restabelecido antes que a situação concreta se tornasse irremediável.

A Constituição de 1988, no que se refere à classificação dos tributos, repetiu a norma do art. 18 da Constituição anterior (art. 145). Quanto ao regime de concessão de serviço público, dispôs, em seu art. 175:

"Art. 175. Incumbe ao Poder Público, na forma da lei, diretamente ou sob regime de concessão ou permissão, sempre através de licitação, a prestação de serviços públicos.

"Parágrafo único. A lei disporá sobre:

"I – o regime das empresas concessionárias e permissionárias de serviços públicos, o caráter especial de seu contrato e de sua prorrogação, bem como as condições de caducidade, fiscalização e rescisão da concessão ou permissão;

"II – os direitos dos usuários;

"III – política tarifária;

"IV – a obrigação de manter serviço adequado."

Note-se que, embora o texto do art. 175 seja diferente do texto do art. 167 da Constituição anterior, dele não difere substancialmente, em seu significado objetivo. Nele não se contém a expressão "tarifas", mas se diz que a lei disporá sobre "política tarifária" – o que dá no mesmo.

Não assegura, ainda, expressamente, a manutenção do equilíbrio econômico-financeiro do contrato, mas isso continua a ser dever do poder concedente, por força da aplicação da teoria da imprevisão (em sentido amplo) a todos os contratos administrativos, inclusive – e especialmente – aos contratos de concessão, já que essa teoria foi formulada pelo Conselho de Estado Francês a partir de decisões relativas a contratos de concessão de serviço público. Mais ainda: esse dever deflui da lei.

Nesse sentido, dispõe a Lei 8.987/1995, nos §§ 2º, 3º e 4º do art. 9º:

"§ 2º. Os contratos poderão prever mecanismos de revisão das tarifas, a fim de manter-se o equilíbrio econômico-financeiro.

"§ 3º. Ressalvados os impostos sobre a renda, a criação, alteração ou extinção de quaisquer tributos ou encargos legais, após a apresentação da proposta, quando comprovado seu impacto, implicará a revisão da tarifa, para mais ou para menos, conforme o caso.

"§ 4º. Em havendo alteração unilateral do contrato que afete o seu inicial equilíbrio econômico-financeiro, o poder concedente deverá restabelecê-lo, concomitantemente à alteração."

Dispõe, ainda, a Lei 8.666/1993, aplicável, no que couber, aos contratos de concessão de serviço público:

"Art. 65. Os contratos regidos por esta Lei poderão ser alterados, com as devidas justificativas, nos seguintes casos: (...);

"II – por acordo das partes: (...);

"d) para restabelecer a relação que as partes pactuaram inicialmente entre os encargos do contratado e a retribuição da Administração para a justa remuneração da obra, serviço ou fornecimento, objetivando a manutenção do equilíbrio econômico-financeiro inicial do contrato, na hipótese de sobrevirem fatos imprevisíveis, ou previsíveis porém de conseqüências incalculáveis, retardadores ou impeditivos da execução do ajustado, ou, ainda, em caso de força maior, caso fortuito ou fato do príncipe, configurando álea econômica extraordinária e extracontratual. (...).

"§ 5º. Quaisquer tributos ou encargos legais criados, alterados ou extintos, bem como a superveniência de disposições legais, quando ocorridas após a data da apresentação da proposta, de comprovada repercussão nos preços contratados, implicarão a revisão destes para mais ou para menos, conforme o caso.

"§ 6º. Em havendo alteração unilateral do contrato que aumente os encargos do contratado, a Administração deverá restabelecer, por aditamento, o equilíbrio econômico-financeiro inicial."

Assim, não hesito em continuar sustentando que a remuneração paga à concessionária pelo usuário do serviço é *tarifa* (preço público), e não *taxa*.

Essa conclusão baseia-se, atualmente, na Constituição de 1988, que continuou a consagrar os princípios da *legalidade* e da *anualidade* dos tributos, em seu art. 150, I e III, "b", respectivamente.

Vale repetir: além de previsão legal, o aumento de tributos, inclusive taxas, somente pode ser cobrado no exercício seguinte ao em que haja sido publicada a lei autorizativa. O que continua a demonstrar a incompatibilidade da cobrança de *taxa* com o dever do poder concedente de assegurar e restabelecer o equilíbrio econômico-financeiro do contrato de concessão de serviço público. Essa remuneração, portanto, caracteriza-se como *tarifa*.

Não há, na Constituição atual, nada que altere essa conclusão. Há – isso. sim – na Lei 8.987/1995 um reforço considerável, na medida em que ela: a) refere-se, do princípio ao fim, à remuneração paga pelo usuário do serviço à concessionária como *tarifa*; b) exclui implicitamente do princípio da *legalidade* a fixação da tarifa, ao dispor que ela pode resultar da proposta da licitante vencedora (art. 9º); e c) exclui implicitamente do princípio da *anualidade* o aumento da tarifa, na medida em que admite seu *reajuste*, bem como sua *revisão*, por força de cláusula contratual (art. 23, IV).

Deu a Lei 8.987/1995, portanto, claramente, a conotação de *preço contratual* (público) à *tarifa*, não se podendo atualmente retomar a tese de que a questão era semântica.

Acentue-se, ainda, que a incompatibilidade, acima apontada, entre *taxa* e manutenção do equilíbrio econômico-financeiro do contrato de concessão de serviço público – e, em contrapartida, a compatibilidade entre *tarifa* e preservação desse equilíbrio – é reforçada atualmente, na medida em que cada vez mais a concessionária passa a ser empresa privada. Quando a concessionária era – ou é – estatal a questão ficava – ou fica – minimizada, já que o poder concedente pode assegurar esse equilíbrio mediante aporte de capital à concessionária sob seu controle societário, ao invés de aumentar a tarifa. Se a concessionária é empresa privada o poder concedente ou aumenta a tarifa ou paga indenização pelo descumprimento do contrato. Ressalvo que estou utilizando o termo "aumento" em sentido lato, abrangendo o aumento propriamente dito, resultante de *revisão* da tarifa, e a mera atualização do valor da tarifa resultante de *reajuste* contratual.[1]

2.4 O dever de licitar

A outorga de cada concessão deve ser precedida de licitação na modalidade *concorrência* e, em certos casos, *leilão*. O art. 175 da Constituição é claro. A concessão (assim como a permissão) deve ser outorgada "sempre através de licitação".

Vale notar que o termo "sempre", contido no dispositivo constitucional, não significa que não se possa dispensar ou declarar inexigível a licitação em casos concretos. Há situações em que não cabe licitar. Cito duas delas, a título de exemplo: a) se à licitação para outorga de uma dada concessão não acodem interessados, a Administração pode *dispensá-la*, nos termos do art. 24, V, da Lei 8.666/1993; b) se a adequada prestação do serviço exige a opção por uma nova metodologia, cujo domínio seja de uma única empresa, podendo inclusive ter sido por ela patenteada, caracteriza-se a inviabilidade de competição, que, nos termos do art. 25, *caput*, da mesma lei, justifica a inexigibilidade de licitação.

Note-se, ainda, que a legislação paulista (Lei 7.835/1992) prevê a dispensa de licitação nos seguintes casos (art. 4º): a) guerra, grave per-

---

1. Sobre *reajuste* e *revisão* da tarifa v., adiante, o Capítulo 11.

turbação da ordem ou calamidade pública; b) emergência; e c) quando não acudirem interessados à licitação anterior.

Prevê ela, ainda, a inexigibilidade de licitação quando comprovadamente "inexistir qualquer possibilidade de competição" (§ 1º do art. 4º).

A regra, porém, é a obrigatoriedade de licitação prévia para outorga da concessão.

Uma confusão que se costuma fazer é quanto a poder uma empresa estatal prestadora de serviço público ser contratada, mediante dispensa de licitação, pelo Poder Público a que esteja vinculada, com base no art. 24, VIII, da Lei 8.666/1993.

Já em maio de 1978, em trabalho publicado na *Revista do Tribunal de Contas do Distrito Federal* 10/145 e ss., tive oportunidade de efetuar a seguinte classificação de empresas estatais, de acordo com sua *função*:

I – *empresas que exercem serviço público*:

a) empresas que exercem serviço público da esfera da pessoa jurídica de direito público interno que controla seu capital;

b) empresas que exercem serviço público da esfera de pessoa jurídica de direito público interno diversa da que controla seu capital;

II – *empresas que exercem atividade própria da iniciativa privada*:

a) empresas que exercem atividade privada em caráter monopolístico, excludente, pois, da iniciativa privada;

b) empresas que exercem atividade privada em caráter suplementar à iniciativa privada, sob regime de competição; e

III – *empresas auxiliares do Poder Público*.

A norma do art. 24, VIII, da Lei 8.666/1993 é a seguinte: "Art. 24. É dispensável a licitação: (...) VIII – para a aquisição, por pessoa jurídica de direito público interno, de bens produzidos ou serviços prestados por órgão ou entidade que integre a Administração Pública e que tenha sido criado para esse fim específico em data anterior à vigência desta Lei, desde que o preço contratado seja compatível com o praticado no mercado".

Os "serviços prestados" a que alude esse dispositivo legal *são serviços prestados à Administração e não ao usuário*. Assim, as empresas estatais que podem, com base nessa norma, ser contratadas mediante dispensa de licitação são as constantes do grupo III, acima. Não as do grupo I. São empresas de pesquisa, de planejamento e desenvolvimento urbano, de processamento de dados, de engenharia de tráfego, e outras empresas auxiliares do Poder Público. Não são as concessionárias de serviço público.

2.5 Subcontratação, subconcessão e transferência da concessão

A questão da licitação coloca-se também em relação à subconcessão e à transferência da concessão.

Há que se distinguir *subcontratação, subconcessão* e *transferência da concessão*.

De acordo com o § 1º do art. 25 da Lei 8.987/1995, a concessionária poderá contratar com terceiros "o desenvolvimento de atividades inerentes, acessórias ou complementares ao serviço concedido, bem como a implementação de projetos associados".

É freqüente fazer-se confusão entre *subcontratação, subconcessão* e *transferência da concessão*. *Subcontratar* corresponde a uma "terceirização" efetuada pela concessionária. Na *subcontratação* a relação jurídica de concessão permanece imutável, assim como a responsabilidade da concessionária quanto à prestação do serviço concedido. Na *subconcessão parte* da concessão é desmembrada e transferida a um terceiro. Efetuada a subconcessão, ter-se-á, ao invés de *uma* concessão, *duas ou mais* concessões. Na *transferência da concessão* uma outra pessoa jurídica – ou consórcio de empresas – substitui a concessionária no pólo da relação jurídico-contratual. Vale dizer: na *subcontratação* não há mudança na relação jurídica contratual de concessão, na *subconcessão* desmembra-se a concessão em duas ou mais, e na *transferência* muda a concessionária.

A distinção parece-me ficar mais clara diante do seguinte quadro:

SUBCONTRATAÇÃO

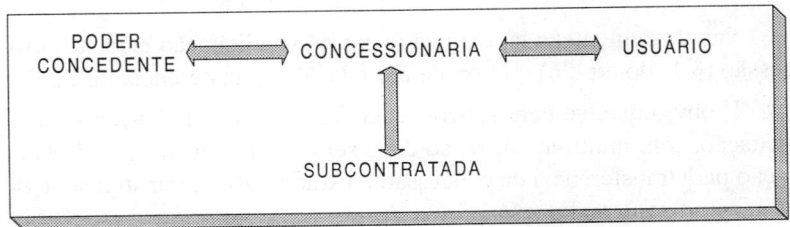

SUBCONCESSÃO

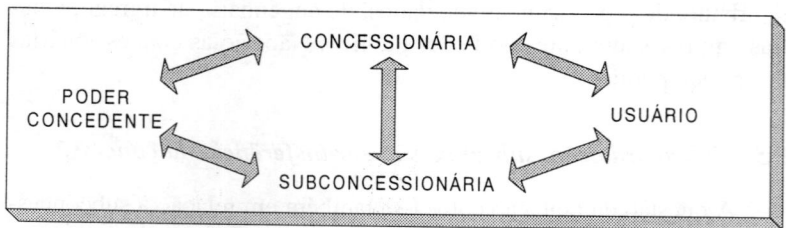

TRANSFERÊNCIA DA CONCESSÃO

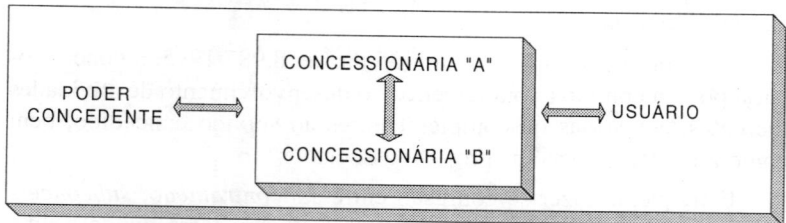

A subcontratada tem relação jurídica exclusivamente com a concessionária. Não há relação jurídica entre ela e o poder concedente, nem com o usuário, embora possa exercer atividade diretamente referida ao usuário (por exemplo: operação de postos de pedágio em pontes ou rodovias). A subconcessionária é, a rigor, uma nova concessionária relativamente à parte da concessão original que lhe foi outorgada. Enquanto na transferência da concessão muda a concessionária – "B" em lugar de "A" –, permanecendo a concessão, no resto, imutável.

A concessão pode ser cedida, portanto, parcial ou totalmente. Em ambas as hipóteses a Lei 8.987/1995 exige prévia anuência do poder concedente (arts. 26 e 27).

2.6 Licitação para subconcessão e para transferência da concessão

Paradoxalmente, a lei exige a realização de licitação para subconcessão (§ 1º do art. 26) e se omite em relação à transferência (art. 27).

É óbvio que, se para subconceder (cessão parcial) é necessária a licitação, com muito maior razão deve ser exigida a realização de licitação para transferência da concessão (cessão total). A transferência da concessão sem realização prévia de licitação contraria a exigência constitucional do art. 175. Também ela deve ser, portanto, precedida de licitação.

Mas, se o pretendente deverá "comprometer-se a cumprir todas as cláusulas do contrato em vigor" (parágrafo único, II, do art. 27 da Lei 8.987/1995), como julgar a licitação? Vale dizer: como desigualar as propostas? Parece-me admissível contratar empresa que ofereça melhores condições do que as constantes do contrato em vigor. Mas isso pode ser impossível. Nesse caso há *impossibilidade da transferência*, e não da licitação. Deve ser extinta a concessão, e realizada licitação para uma *nova* concessão.

Note-se que, em sua literalidade, a norma do art. 27 pode ser entendida como não exigindo licitação para transferência da concessão. O intérprete da norma legal deve, porém, buscar um entendimento que harmonize essa norma com a ordem constitucional. Se a norma do art. 27 for entendida como permitindo a transferência da concessão sem licitação, ter-se-á que argüir sua inconstitucionalidade, na medida em que se estará admitindo, na prática, concessão sem licitação.

O jurista deve buscar um "sentido" na norma legal que seja conforme à Constituição. Se ele, simples e comodamente, partir do entendimento de que a norma interpretada é inconstitucional, sem buscar um "sentido" que a harmonize com a ordem constitucional, estará muitas vezes favorecendo uma aplicação inconstitucional da lei pelo administrador. Isso porque é um equívoco dizer-se que o administrador é mero executor da "vontade" da lei. Costuma-se afirmar que ele é "um escravo da lei". Não se percebe que o administrador é um indivíduo concreto, que pensa e age, enquanto a lei (norma legal) é uma abstração.[2]

O ato administrativo resulta não apenas da lei, mas também da atuação do administrador na aplicação da norma legal ao caso concreto. A discricionariedade é a regra, ao contrário do que afirma grande parte da doutrina jurídica administrativista. Quase não mais existe a hipótese de ato completamente vinculado. "A normalidade é a discricionariedade" – diz Salvatore Piraino (*La Funzione Amministrativa fra Discrezionalità e Arbitrio*, p. 88).

Quando o jurista afirma que uma norma legal é inconstitucional sem ter o cuidado de examinar a possibilidade de aplicação "constitu-

---

2. Tive oportunidade de desenvolver o assunto em trabalho intitulado "Sobre o positivismo jurídico", publicado na *Revista do Instituto dos Advogados de Pernambuco* 1/73-131 e divulgado em separata pelo mesmo Instituto.

cional" dessa norma, o administrador não se abstém de aplicá-la. Termina fazendo-o sem critério jurídico e, em regra, praticando uma inconstitucionalidade. Não seria absurdo dizer-se que grande parte das inconstitucionalidades cometidas se deve não a uma lei inconstitucional, mas a uma atuação administrativa inconstitucional, para a qual contribui de certa maneira o jurista, que, em muitos casos, prefere "julgar" uma lei inconstitucional ao invés de nela buscar uma solução de aplicação conforme à Constituição.

Trazendo essas considerações para o entendimento da norma do art. 27 da Lei 8.987/1995, concluo, a partir da interpretação sistemática da lei, que, se a subconcessão (cessão parcial da concessão) deve ser precedida de licitação, também a transferência (cessão total da concessão) deve ser licitável, sob pena de se permitir, mediante transferência, a outorga de concessão sem prévia licitação, com burla a normas constitucionais e legais. Se em casos concretos essa licitação for impossível, deverá ser descartada a transferência da concessão, e licitada uma *nova* concessão. Vale dizer: não é o art. 27 da Lei 8.987/1995 que é inconstitucional. É a interpretação desse artigo que pode conduzir a uma aplicação inconstitucional da lei.

Vale lembrar que as normas legais devem ser interpretadas *sistematicamente*. E uma das modalidades de interpretação sistemática é a chamada "interpretação conforme à Constituição", noção desenvolvida sobretudo pela doutrina jurídica alemã.

Em regra, as normas legais comportam mais de uma solução de aplicação possível, identificáveis essas soluções mediante interpretação. O jurista português Manuel A. Domingues de Andrade, em seu *Ensaio sobre a Teoria da Interpretação das Leis*, escreve que: "Na generalidade dos casos, a análise puramente lingüística dum texto legal é apenas o 'começo' (*Wächter*), o primeiro 'grau' (*Regelsberger*) ou o primeiro 'acto' (*Binding*) da interpretação. Por outras palavras, só nos fornece o 'provável pensamento e vontade' legislativa (*Binding*) ou, melhor, a 'delimitação gramatical da possível consistência da lei' (*Kohler*), 'o quadro dentro do qual reside' o seu verdadeiro conteúdo (*Regelsberger*)" (p. 28).

O antigo brocardo *in claris cessat interpretatio*, ou *in claris non fit interpretatio*, é enganoso, como adverte Vittorio Frosini (*Teoría de la Interpretación Jurídica*, p. 2). Diz o autor italiano que a clareza do texto surge após a interpretação, nunca antes. Já Carlos Maximiliano escrevia, no início da década de 40: "Sobre o pórtico dos tribunais conviria inscrever o aforismo de Celso – *Scire leges non est verba earum tenere, sed vim ac potestatem*: 'Saber as leis é conhecer-lhes não as palavras, mas a força e o poder', isto é, o sentido e o alcance respectivos. Só ignaros poderiam, ainda, orientar-se pelo suspeito brocardo *verbis legis tenaciter inhaerendum* – 'apeguemo-nos firmemente às palavras da lei'. Ninguém ousa invocá-lo; nem mesmo quem de fato o pratica" (*Hermenêutica e Aplicação do Direito*, 16ª ed., pp. 122-123).

A "interpretação conforme à Constituição" nada mais significa que buscar na norma legal um "sentido" que permita sua conciliação com a norma hierarquicamente superior. Ela foi formulada pelo Tribunal Federal Alemão, como nos ensina Karl Larenz (*Metodologia da Ciência do Direito*, 3ª ed.), e nada mais é que uma modalidade de interpretação sistemática, como acentua Karl Engisch (*Introdução ao Pensamento Jurídico*, 7ª ed.).

No silêncio do art. 27 da Lei 8.987/1995 quanto à obrigatoriedade de realização de concorrência para transferência da concessão, há duas possibilidades de interpretá-lo. Se entendermos que a norma legal dispensa a realização de licitação, concluiremos que ela conflita com o art. 175 da Constituição, já que a relação jurídica resultante da transferência é diversa da anteriormente estabelecida, tratando-se, portanto, de uma nova concessão. Se entendermos, porém, que, não obstante o silêncio legal, a licitação é obrigatória, estaremos adotando uma "interpretação conforme à Constituição". Entre dois entendimentos teoricamente possíveis, devemos ficar sempre com aquele que nos permita harmonizar o comando legal com o constitucional, hierarquicamente superior.

Quanto à transferência do controle societário da concessionária, esta não se confunde com a transferência da concessão. Não obstante, o edital deve regulá-la, a fim de submetê-la à aprovação prévia do poder concedente. Cabe ao poder concedente aprová-la ou vetá-la. Nunca licitá-la – o que seria, evidentemente, absurdo.

Em síntese, pode-se afirmar que as normas dos arts. 26 e 27 da Lei 8.987/1995 disciplinam três situações: a) a subconcessão, que deve ser precedida de licitação; b) a transferência da concessão, que deve igualmente ser precedida de licitação, salvo se impossível, hipótese em que a concessão deve ser extinta, promovendo-se licitação para uma nova concessão; e c) a transferência do controle societário da concessionária, que é insuscetível de licitação e deve ser aprovada previamente pela Administração.[3]

Ressalvo que não me escapa, a este passo, que a concessionária, diante da impossibilidade jurídica de transferir a concessão sem licitação, proceda à transferência do controle societário como meio de atingir seu objetivo. Somente uma visão extremamente rígida e formalista, porém, poderia levar a pretender licitar a transferência do controle societário da concessionária, a fim de evitar esse expediente.

2.7 Distinção entre "concessão" e "terceirização"

É freqüente a confusão entre concessão de serviço público e terceirização. Essa distinção fica clara à vista do seguinte quadro comparativo:

CONCESSÃO

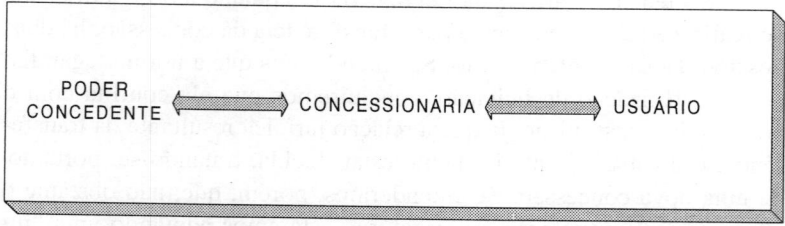

TERCEIRIZAÇÃO

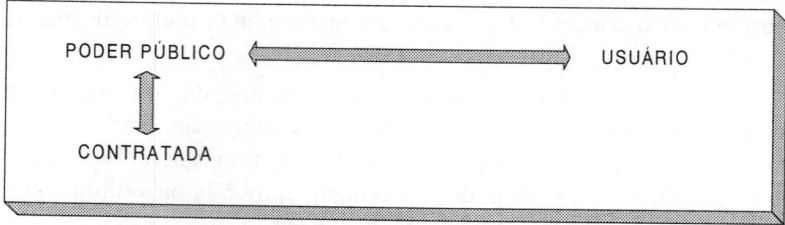

Na *concessão* há *duas* relações jurídico-contratuais, uma entre o poder concedente e a concessionária e outra entre esta e o usuário, que

---

3. Vários editais de licitação têm estabelecido um prazo dentro do qual não é admissível a transferência do controle. Por outro lado, vale notar que o Tribunal de Contas da União já se pronunciou, em casos concretos, favoravelmente à alteração da composição acionária de concessionárias.

paga à concessionária, em contrapartida pelo *serviço público* a ele prestado, uma *tarifa* (preço público). Na *terceirização* há *uma* relação jurídico-contratual (de prestação de serviços) entre o Poder Público e a contratada, que recebe do contratante (e não do usuário), em contrapartida pelos serviços prestados, um *preço privado*.

Na 13ª edição de seu consagrado *Curso de Direito Administrativo* Celso Antônio Bandeira de Mello diz que a concessionária age "em nome próprio". E escreve, em nota de rodapé: "Foi dito que o concessionário atua 'em nome próprio'. Nisto modificamos e invertemos nossa anterior assertiva de que, na concessão, o serviço era prestado 'em nome do Estado'. Pretendíamos, então, realçar a idéia – aliás, inquestionável – de que, sendo estatal o serviço operado pelo concessionário, este não tem qualquer senhoria sobre dito serviço; donde, apenas age em lugar de outrem, por investidura outorgada pelo titular, isto é, pelo concedente. Sem embargo, rendemo-nos ao fato de que a afirmação de que o concessionário age 'em nome próprio' parece ser insubstituível para realçar a diferença entre a concessão de serviço público e o simples contrato de prestação de serviços travado entre o Estado e a sua contraparte. Enquanto na concessão instaura-se uma relação jurídica por força da qual o concessionário é investido em titulação para prestar serviços *ao público*, nos simples contratos de prestação de serviços o contratado se vincula a prestar dados serviços *ao Estado* apenas. Assim, o liame contratual não extrapola as relações entre ambos; as obrigações recíprocas confinam-se ao estrito âmbito das partes que se entrelaçaram. Daí a compreensível insistência da doutrina em dizer que o concessionário age 'em nome próprio'" (pp. 631-632).

Mantenho-me fiel à posição anterior do eminente jurista brasileiro. Entendo que a concessionária age "em nome do poder concedente".

Nos termos do art. 175 da Constituição, o Poder Público tem o dever de prestar o serviço público, podendo fazê-lo direta ou indiretamente, neste caso mediante concessão ou permissão. Assim, na concessão o serviço continua sendo prestado pelo poder concedente, só que indiretamente, por intermédio da concessionária ou permissionária. Daí dizer-se que a *titularidade* do serviço permanece com o poder concedente, que transfere para a concessionária ou permissionária apenas seu *exercício*. Ou, em outras palavras, transfere a *obrigação* de prestar o serviço, mas continua *responsável*, solidariamente, pelo cumprimento da obrigação transferida. Sob esse aspecto, a expressão "privatização de serviço público", que tem sido largamente empregada, é equívoca. Pode induzir ao erro de fazer crer que o serviço público muda de "dono". Passaria a ser de propriedade (titularidade) da concessionária. Feita esta ressalva, porém, a questão passa a ser semântica. O que importa salientar é que a concessionária exerce *função pública*. Assim, ela tem não apenas o poder, mas também o dever de prestar adequadamente o serviço a ela concedido.[4]

Dizer-se que a concessionária age "em nome próprio" só teria sentido se houvesse a transferência da *titularidade* do serviço, eximindo-se o poder concedente da *responsabilidade* por sua prestação. Ou seja: se a concessionária exercesse *função privada*. Assim, o que distingue a concessão da terceirização não é o fato de que a concessionária age "em nome próprio", enquanto a empresa contratada mediante terceirização age "em nome do Poder Público". Ambas agem "em nome do Poder Público". Só que na concessão há duas relações jurídico-contratuais: uma entre o poder concedente e a concessionária (contrato principal) e a outra entre a concessionária e o usuário (contrato acessório, ou dependente).[5]

A concessionária age "em nome do poder concedente", mas "por sua conta e risco". Não existe nisso contradição alguma. A concessionária tem a liberdade de se organizar da maneira que melhor entender, desde que preste ao usuário "serviço adequado", como tal definido na Lei 8.987/1995 (art. 6º) e explicitado no respectivo contrato de concessão. E corre o risco inerente à *álea ordinária* do contrato entre ela e o usuário – como, por exemplo, é totalmente seu o risco pela inadimplência do usuário relativamente ao pagamento da tarifa.

2.8 Fiscalização da concessão

A Lei 8.987/1995 dispõe, em seu art. 3º, que a fiscalização das concessões será efetuada pelo poder concedente, "com a cooperação dos usuários".

---

4. Note-se que é pacífico na doutrina o entendimento de que a responsabilidade da concessionária é objetiva, com base no § 6º do art. 37 da Constituição. Concordo com esse entendimento. O que não consigo é conciliá-lo com a noção de que a concessionária age "em nome próprio".

5. Note-se que Maria Sylvia Zanella Di Pietro (*Parcerias na Administração Pública*, 3ª ed., p. 89) fala em efeitos *trilaterais* da concessão. Penso, no entanto, que não existe uma relação *trilateral*, mas duas relações *bilaterais*. Essa noção é melhor desenvolvida no estudo sob o título "Distinção entre 'usuário de serviço público' e 'consumidor'", que se encontra no *Apêndice* a este livro.

No art. 7º a mesma Lei 8.987/1995 dispõe que são direitos dos usuários: a) receber serviço adequado; e b) receber do poder concedente e da concessionária informações para a defesa de interesses individuais ou coletivos.

Para quê? Para: a) levar ao conhecimento do Poder Público e da concessionária as irregularidades de que tenham conhecimento, referentes ao serviço prestado; e b) comunicar às autoridades os atos ilícitos praticados pela concessionária.

Vale dizer: para cooperar com o poder concedente na fiscalização do serviço concedido, a fim de assegurar a prestação de "serviço adequado" (art. 6º).

Por outro lado, incumbe ao poder concedente (art. 29): a) regulamentar o serviço concedido e fiscalizar permanentemente sua prestação; b) cumprir e fazer cumprir as disposições regulamentares do serviço e as cláusulas contratuais da concessão; c) zelar pela boa qualidade do serviço; e d) estimular a formação de associações de usuários para defesa de interesses relativos ao serviço.

Para cumprir adequadamente sua função, a Administração do poder concedente tem que ser eficiente.

Diz Héctor Escola: "Com efeito, se a Administração Pública, em geral, é ineficiente, é natural que a administração direta dos serviços públicos também resulte ineficaz, porém esse resultado se deverá não a uma deficiência do sistema em si mesmo, senão de sua aplicação. Porém uma má Administração Pública fará igualmente perigoso o sistema de concessão, pois a vigilância e o controle que necessariamente deve exercer-se sobre o concessionário, para garantir a boa execução do serviço público, não existirá ou será inoperante, com os péssimos resultados que é de se esperar desse estado de coisas" (*El Interés Público como Fundamento del Derecho Administrativo*, p. 122).

Vale dizer: se a Administração Pública é ineficiente para prestar "serviço adequado", também o será para controlar sua prestação por concessionária privada. A prestação de "serviço adequado" depende da consciência, pela concessionária, da função social a ela atribuída, da capacidade de controle (regulação) da Administração, bem como – e sobretudo – da organização dos respectivos usuários. Quanto a estes, dispõe a lei que incumbe ao poder concedente "estimular a formação de associações de usuários para defesa de interesses relativos ao serviço" (art. 29, XII, da Lei 8.987/1995).

É desejável que as concessões estejam submetidas ao controle permanente da sociedade, especialmente das organizações de usuários. A eficácia desse controle, porém, está na dependência direta do grau de desenvolvimento do processo democrático no país, já que seria ingenuidade acreditar que segmentos sociais possam ser organizados e estruturados apenas por normas jurídicas.

Em abril de 2000, proferi palestra sobre "Agências Reguladoras de Serviços Públicos", no I Congresso Brasileiro de Direito Público, realizado em São Paulo.[6] Em síntese, sustentei que as agências reguladoras deviam ter sido criadas e estruturadas *antes* da privatização dos serviços públicos, mas que não adiantava fazer crítica retroativa, e sim estruturar *agora* essas agências, tornando-as fortes e independentes. Afirmei, no final da palestra: "O futuro das agências reguladoras no Brasil dependerá do papel que venha a ser atribuído ao Estado regulador. Este somente será forte quando se tornar efetivamente um Estado nacional, expressão de uma nação consciente, dotada da auto-estima necessária para participar do processo de globalização como sujeito, e não, como tem ocorrido atualmente, como mero objeto".

---

6. O texto correspondente a essa palestra foi publicado na revista Diálogo Jurídico n. 3, de junho de 2001 (*site* www.direitopublico.com.br) e posteriormente incluído em meu *Comentando as Licitações Públicas* (pp. 121-127).

3
TIPOS LEGAIS DE CONCESSÃO DE SERVIÇO PÚBLICO

Há três situações possíveis de concessão: a) concessão de obra pública já existente, como rodovia, ferrovia ou ponte; b) concessão de obra pública a ser construída; e c) concessão de serviço público, como transporte de passageiros ou distribuição de gás canalizado e energia elétrica.

Grande parte da doutrina jurídica tradicional sempre se referiu às duas primeiras situações como "concessão de obra pública", deixando a expressão "concessão de serviço público" para denominar exclusivamente a terceira.

De fato, se alguém percorre uma rodovia ou atravessa uma ponte – objeto de concessão – dirigindo seu veículo particular, está utilizando um bem de uso comum do povo, qual seja, a rodovia ou a ponte. Se a percorre, porém, a bordo de um ônibus que transporta passageiros, está utilizando serviço público. Segundo a doutrina tradicional, ao usar diretamente a rodovia não lhe estaria, a rigor, sendo prestado um serviço público, enquanto ao usar o ônibus estaria utilizando o serviço público de transporte de passageiros. Mas em ambos os casos ele paga *tarifa*. No primeiro caso, paga pedágio. No segundo, compra um bilhete de passagem.

A Lei 8.987/1995 tratou as três situações como sendo *concessão de serviço público*. Limitou-se a distinguir concessão de serviço público precedida da execução de obra pública e concessão não precedida da execução de obra pública.[1]

---

1. Curioso é que a Lei 8.987/1995 refere-se, no art. 1º, a "concessão de obra pública". A partir daí, pura e simplesmente ignora esse conceito.

Na 1ª edição deste livro manifestei certa estranheza pelo fato de ter essa lei (art. 2º, II e III) definido *concessão de serviço público* e *concessão de serviço público precedida da execução de obra pública*, abandonando a clássica distinção entre *concessão de serviço público* e *concessão de obra pública*. Reconheci, porém, que "a sistematização legal, embora possa ser atacada de um ponto de vista jurídico-conceitual, não me parece dificultar substancialmente o enfoque do assunto" (p. 28).

Na verdade, não se justificava essa estranheza. A *concessão de obra pública* é simultaneamente uma *concessão de serviço público*. Certamente foi a percepção desse fato que levou o legislador brasileiro a distinguir dois tipos de *concessão de serviço público*, passando a discipliná-los, a seguir, de uma maneira uniforme.

André de Laubadère já escrevia em seu *Traité Élémentaire de Droit Administratif* sobre a evolução da teoria da concessão de serviço público: "No final do século XIX, com o desenvolvimento das ferrovias, *tramways*, distribuições do gás e da eletricidade, a concessão aparece mais facilmente como podendo ter por objeto, simultaneamente, a construção da obra e sua exploração (serviço público). Enfim, no início do século XX compreendeu-se que podia existir concessão de serviço público sem o suporte de uma obra pública" (p. 589).

Mais recentemente, encontramos no *Traité des Contrats Administratifs*, do próprio André de Laubadère, com Franck Moderne e Pierre Delvolvé, a afirmação de que a jurisprudência francesa tem tratado as concessões de auto-estradas e parques de estacionamento como concessões simultaneamente de serviço público e de obra pública, englobando-as na categoria, ampla, de *concessão de serviço público* (t. I, p. 292).

Franck Moderne e Pierre Delvolvé voltam ao tema em seu *Droit Administratif*: "As concessões de distribuição de água, de eletricidade, de *tramways*, de ferrovias, são concessões de obras públicas. Isto não é contraditório com sua qualidade de concessões de serviços públicos, a concessão de obra pública sendo simplesmente uma concessão de serviço público na qual o concessionário se engaja na construção de certas obras necessárias ao funcionamento do serviço público" (12ª ed., v. 2, p. 769).

Antonio Cianflone (*L'Appalto di Opere Pubbliche*, 7ª ed.) deixa clara a noção de *concessão de obra pública*. Escreve o autor italiano:

"É necessário deixar claras agora as diferenças entre a empreitada e a concessão. (...).

"Isto é, o concessionário põe-se no posto da Administração no adimplemento de um serviço público, provendo quanto seja necessário para sua implantação e seu exercício. Ele é um 'substituto' da Administração, que, perseguindo um fim de lucro e agindo em nome próprio, atua ao mesmo tempo um fim da Administração" (pp. 174-175).

Acrescenta ele: "(...) a construção não é senão o *meio* para o exercício do serviço, ao qual tende em definitivo a autoridade concedente enquanto é só com o exercício que se atua o serviço público. (...). Na concessão, o elemento típico é constituído pela atribuição ao particular de poderes e *faculdades* próprias da Administração (...) e a imposição da *obrigação* da construção das obras necessárias tem valor apenas instrumental, e vem juridicamente em segundo plano" (p. 176).

Parece-me, hoje, que a sistematização legal é adequada. Há apenas que se tomar o cuidado de constatar que certas normas legais só têm aplicação à licitação para concessão de serviço público precedida da execução de obra pública. É o caso, por exemplo, da exigência, desde o edital, de um projeto básico (art. 18, XV, da Lei 8.987/1995).[2]

Note-se que, no esquema legal, *concessão de serviço público precedida da execução de obra pública* não é o mesmo que *concessão de serviço público precedida da execução de obra necessária à prestação do serviço*. Há as seguintes situações possíveis: a) concessão de serviço público pura e simples; b) concessão de serviço público precedida da execução de obra necessária à prestação do serviço; e c) concessão de serviço público precedida da execução de obra pública.

---

2. Eurico de Andrade Azevedo e Maria Lúcia Mazzei de Alencar (*Concessão de Serviços Públicos*, p. 24) dizem que "dificilmente, nos dias de hoje, haverá obra pública que possa ser explorada por terceiro, mediante cobrança de tarifa, sem que seja acompanhada dos respectivos serviços de manutenção e operação".

4
PRINCÍPIOS DA LICITAÇÃO

4.1 Elenco legal dos princípios licitatórios. 4.2 Legalidade. 4.3 Moralidade. 4.4 Publicidade. 4.5 Igualdade. 4.6 Julgamento objetivo. 4.7 Vinculação ao instrumento convocatório. 4.8 O princípio da razoabilidade.

4.1 Elenco legal dos princípios licitatórios

A licitação para concessão de serviço público deve ser realizada com observância dos princípios da legalidade, moralidade, publicidade, igualdade, julgamento por critérios objetivos e vinculação ao instrumento convocatório (art. 14 da Lei 8.987/1995).

Tanto essa lei quanto a Lei 8.666/1993 deixam de mencionar um princípio relevante, o da *economicidade*, previsto na Constituição (art. 70), que se deve entender como a expressão da relação "custo/benefício".

4.2 Legalidade

O ordenamento jurídico-positivo brasileiro está construído em três escalões, ou graus. No topo, a Constituição. No segundo escalão, as normas legais. E no terceiro, os atos administrativos, os negócios jurídicos e as decisões judiciais.

Sendo os atos administrativos normas de terceiro escalão, seu fundamento de validade se contém diretamente nas normas legais, de escalão imediatamente superior. Daí a observância do princípio constitucional da *legalidade* (art. 5º, II, da CF).

4.3 Moralidade

O princípio da *moralidade* está expressamente contido no art. 37 da Constituição. Já tive oportunidade de acentuar, em trabalho anterior,[1] que a realização de licitação não assegura, por si só, a moralidade. Escrevi: "Por outro lado, muitas vezes encontramos, no mundo real, licitações cujo *direcionamento* parece evidente, se bem que raramente se possa prová-lo. A probidade administrativa deve reger toda a atividade da Administração Pública e não apenas o procedimento licitatório. Não me parece, porém, correto afirmar-se que a realização de licitação, com a conseqüente adoção de um rito formal, preserve *por si só* essa probidade. Não se fugiria à realidade jurídica e administrativa se se afirmasse que a licitação tanto pode ser um instrumento para preservar-se a probidade administrativa quanto para traí-la, nesta hipótese sob uma capa formal enganosa" (p. 94).[2]

É inegável, porém, que se as contratações da Administração Pública não fossem, *em regra*, precedidas de licitação a moralidade seria mais freqüentemente afetada.

4.4 Publicidade

A legislação, especialmente a Lei 8.666/1993, confunde, em inúmeras normas, *publicidade* com *publicação*. A partir do Decreto-lei 2.300/1986 surgiu uma verdadeira obsessão pela publicação, como se fosse ela garantidora da "transparência" do ato administrativo. Creio que essa obsessão resulta ou de uma visão ingênua da realidade, ou de uma posição retórica.

Tome-se por exemplo a publicação de resumos de contratos celebrados pela Administração, cuja obrigatoriedade não está – como deveria – condicionada ao valor envolvido. Não existe um piso de valor acima do qual a publicação seria obrigatória. Outro exemplo: o resultado da habilitação ou do julgamento deve ser publicado na Imprensa Oficial, salvo se, presentes os prepostos das licitantes no ato em que tenha sido adotada a decisão, a estes seja comunicado diretamente e lavrado em ata (§ 1º do art. 109 da Lei 8.666/1993). Por que não excetuar a publicação também na hipótese de ser possível comunicar diretamente às licitantes o resultado, mediante correspondência encaminha-

---

1. "Dispensa de licitação por emergência", incluído em meu *Ato Administrativo, Licitações e Contratos Administrativos*, 1ª ed., 2ª tir., pp. 90-98. Esse trabalho, revisto, foi incluído em meu recente *Comentando as Licitações Públicas* (pp. 57-63).

2. Esse trecho encontra-se, sem alteração, à p. 58 da republicação citada na nota anterior.

da pelo Correio, com Aviso de Recebimento? Ou mediante *fax*? Ou pelo correio eletrônico?

Pode dizer-se que, preocupado com a *transparência* da Administração, necessária no Estado Democrático de Direito, o legislador deu ênfase à publicidade *erga omnes* mesmo nas situações em que a prioridade deveria residir na publicidade *erga partes*. Por exemplo: quando é aberta uma concorrência não existe a identificação, desde logo, dos eventuais interessados. Assim, a publicidade deve ser assegurada *erga omnes*, mediante publicação de aviso na Imprensa Oficial. Recebidos os envelopes contendo documentos e propostas, passam a existir *licitantes*, diretamente interessados no procedimento. A partir desse momento dever-se-ia priorizar a publicidade *erga partes*, sem prejuízo do *direito subjetivo público*, consagrado na Constituição (incisos XXXIII e XXXIV, "a", do art. 5º) e previsto expressamente no art. 4º da Lei 8.666/1993 (sobre esse assunto, v. Luís Filipe Colaço Antunes, *Mito e Realidade da Transparência Administrativa*, 1990). Por isso, entendo que, estando o intérprete em dúvida sobre o "sentido" da norma legal, deve ele optar por uma interpretação que priorize a publicidade *erga partes*.

A *publicação*, quando não seletiva, não assegura a indispensável *publicidade* (transparência). Muito pelo contrário. A "casa de vidro" (imagem que se costuma atribuir à Administração democrática) torna-se muitas vezes mais opaca, por força do volume exagerado de informações publicadas. Além do mais, impõe à Administração um custo nada desprezível, incompatível com o respeito ao princípio constitucional da *economicidade*.

4.5 Igualdade

Quanto ao princípio da *igualdade*, tem sido ele muitas vezes tido como expressando o dever de a Administração tratar a todos como se absolutamente iguais fossem. Uma empresa recém-criada, por exemplo, não possui experiência que a capacite tecnicamente para grande parte dos contratos de duração (por exemplo: obras e serviços de engenharia) ou de execução diferida (por exemplo: fabricação de equipamentos sob encomenda), que exijam razoável grau de complexidade no domínio das tecnologias envolvidas. Mas o intérprete da lei nem sempre se adverte de que, se todos são *iguais* perante a lei, entre si são *diferentes*. O conceito de igualdade é relativo, não absoluto, alerta

Norberto Bobbio (*Destra e Sinistra*, p. 72). Acentuando a noção de *diferença*, Bobbio diz que o igualitário tende a *atenuar* as diferenças – e não *eliminá-las*, o que seria obviamente impossível –, enquanto o desigualitário tende a *reforçá-las* (p. 78).[3]

4.6 Julgamento objetivo

O *julgamento por critérios objetivos* é uma meta a ser alcançada pela Administração. Mas, se muitas vezes ela sequer tenta ser objetiva, em outras ocasiões a objetividade absoluta é inalcançável. É possível, por exemplo, exigir-se das licitantes a apresentação de uma *metodologia de execução* (§ 8º do art. 30 da Lei 8.666/1993). Por envolver avaliação *técnica*, é impossível estabelecer-se critério absolutamente objetivo para sua avaliação. Nesses casos, falar-se em *objetividade absoluta* corresponde a uma posição ingênua ou meramente retórica. Aliás, diga-se de passagem, é curioso como na doutrina jurídica relativa a licitações são freqüentes afirmações desprovidas de qualquer sentido real, mais parecendo componentes de um discurso *político* do que de um discurso *técnico* ou *científico*. São frases de efeito, nada mais. A valoração técnica, tanto na fase de habilitação quanto na de julgamento de propostas, é muitas vezes indispensável. Isso prejudica a objetividade. Essa realidade não deve ser escondida.

4.7 Vinculação ao instrumento convocatório

A *vinculação ao instrumento convocatório* é princípio de grande relevância. Iniciado o jogo, as regras devem ser respeitadas. É vedado ao agente público alterar essas regras no decorrer do jogo. Como lhe é vedado também revogar o procedimento licitatório sem motivo razoável, não se devendo entender por "motivo razoável" a fórmula genérica "revogue-se por interesse público".

Note-se que a vinculação ao instrumento convocatório não exclui a possibilidade de *negociação*. Para que juridicamente possa esta ser fundamentada é necessário observar o seguinte: a) só pode haver negociação com a proponente vencedora; b) dela deve resultar uma melhoria na proposta apresentada; c) em conseqüência, a ordem de classifi-

---

3. Sobre esse princípio, v. especialmente Celso Antônio Bandeira de Mello, *O Conteúdo Jurídico do Princípio da Igualdade*, 3ª ed., 10ª tir.

cação não pode ser alterada; e d) a negociação não pode acarretar uma alteração no instrumento convocatório, de sorte que alguém que não participou da licitação possa alegar que, se soubesse que seria assim, teria participado.

A negociação deve ser excepcional e conduzida com muita cautela, exatamente para não ferir o princípio da isonomia (igualdade jurídica).

Vale acentuar, afinal, que se deve distinguir "alteração" de "esclarecimento". Em princípio, o edital não pode ser alterado, o que não veda ao agente público a prestação de esclarecimentos sobre como deve ele ser entendido. Feita essa distinção, entendo que toda *alteração* acarreta a obrigatoriedade de reabertura do prazo para apresentação de propostas. Não cabe distinguir, como faz o § 4º do art. 21 da Lei 8.666/1993, entre alteração que afeta e alteração que não afeta a formulação das propostas, exigindo-se a reabertura do prazo apenas no primeiro caso. Toda alteração afeta, *em princípio*, a formulação de propostas.

Cabe uma observação importante sobre o *esclarecimento*. Por melhor que seja o edital, por mais bem-elaborado que tenha sido ele, surgem dúvidas quanto à sua interpretação. Com indesejável freqüência os interessados formulam mal as indagações que consideram necessárias. E as Comissões de Licitação, em suas respostas, por comodismo ou incompetência, costumam *repetir* a cláusula do edital.

Muitas vezes esse desencontro provoca a revogação ou mesmo a anulação da licitação.

4.8 O princípio da razoabilidade

O *princípio da razoabilidade* não consta do elenco legal, nem se refere especificamente à licitação. Mas é um importante critério de interpretação das normas constitucionais e legais. Dois exemplos servem para demonstrar sua relevância. Ambos extraídos de ensaio de Chaïm Perelman (*Ética e Direito*, pp. 616-617).

Segundo Perelman, Recaséns-Siches descreve uma controvérsia surgida na Polônia no início do século XX: um letreiro colocado à entrada de uma estação de trem proibia, com base em lei, o acesso às escadas externas de pessoas acompanhadas de cachorro. Um camponês pretendeu chegar à escadaria acompanhado de um urso. O chefe da estação barrou-o na entrada. Os adeptos da interpretação literal da lei certamente acusariam o funcionário de arbitrariedade. Mas seria *razoável* permitir a entrada do camponês acompanhado de um urso sob a argumentação de que "urso" não é "cachorro"?

Outro exemplo nos é dado pelo próprio Perelman, em sentido oposto ao de Recaséns-Siches: um letreiro colocado na entrada de um parque público proíbe a entrada de veículos. Um cidadão sofre um enfarte dentro do parque. Chama-se uma ambulância. Seria *razoável* que o porteiro impedisse a entrada da ambulância, sob a alegação de que ela é um "veículo", arriscando a vida do enfartado?

5

PLANEJAMENTO DA CONCESSÃO

5.1 O processo de contratação. 5.2 Planejamento da contratação. 5.3 Requisitos de participação: 5.3.1 Garantia de cumprimento de proposta – 5.3.2 Exigência de constituição de uma nova pessoa jurídica – 5.3.3 Subcontratações.

5.1 O processo de contratação

Há quem distinga duas fases da licitação: a *interna* e a *externa*. Na chamada fase *interna*, porém, ainda não existe licitação. É tecnicamente errado dizer-se que o procedimento da licitação será iniciado com a abertura de processo administrativo, como o faz o art. 38 da Lei 8.666/1993. A licitação é aberta com a publicação do respectivo aviso, nas modalidades de concorrência e tomada de preços, ou o *recebimento* da carta-convite (e não, como dispõe, erroneamente, o § 3º do art. 21 da Lei 8.666/1993, de sua *expedição*, já que se assim fosse o convidado poderia receber a carta-convite até mesmo após expirado o prazo para apresentação de proposta).

Há o *processo de contratação*, que abrange quatro etapas: a) o planejamento; b) a licitação; c) a formação do vínculo contratual; e d) a execução do contrato. A chamada fase *interna* da licitação corresponde à etapa de planejamento da contratação. Tanto não se tem ainda licitação que, se a Administração desistir de contratar, pode pura e simplesmente determinar o arquivamento do processo administrativo. Já na chamada fase *externa* se a Administração desistir de contratar deve revogar a licitação. Fica evidente, assim, que a chamada fase *externa* da licitação *é a licitação*. Antes dela não há licitação.

O processo de contratação é eficaz se as quatro etapas são bem conduzidas. Falhas graves em uma delas – quer essas falhas sejam jurídicas, quer administrativas ou econômico-financeiras – impedem a Administração de atingir seu objetivo, que não é a formação do vínculo contratual e muito menos a adjudicação, mas sim a adequada realização do objeto contratual.

5.2 Planejamento da contratação

O planejamento da contratação – talvez a etapa mais importante do processo – é regulado, no que se refere a obras e serviços, basicamente pelo art. 7º da Lei 8.666/1993. Dispõe o § 2º desse artigo: "§ 2º. As obras e os serviços somente poderão ser licitados quando: I – houver projeto básico aprovado pela autoridade competente e disponível para exame dos interessados em participar do processo licitatório; II – existir orçamento detalhado em planilhas que expressem a composição de todos os seus custos unitários; III – houver previsão de recursos orçamentários que assegurem o pagamento das obrigações decorrentes de obras ou serviços a serem executadas no exercício financeiro em curso, de acordo com o respectivo cronograma; IV – o produto dela esperado estiver contemplado nas metas estabelecidas no Plano Plurianual de que trata o art. 165 da Constituição Federal, quando for o caso".

Por sua vez, o parágrafo único do art. 124 da mesma lei dispõe: "Parágrafo único. As exigências contidas nos incisos II a IV do § 2º do art. 7º serão dispensadas nas licitações para concessão de serviços com execução prévia de obras em que não foram previstos desembolsos por parte da Administração Pública concedente".

A interpretação literal desse parágrafo conduziria à conclusão de que no caso de licitação para concessão de serviço público bastaria à Administração elaborar, previamente à abertura da licitação, um projeto básico, que é regulado pela Lei 8.666/1993 em seu art. 6º, IX. Isso, mesmo quando se tratasse de licitação para concessão precedida da execução de obra pública, já que o projeto básico refere-se à obra.

A letra da lei é, porém, apenas ponto de partida para sua interpretação. A Administração deve, na etapa de planejamento da contratação, adotar alguns procedimentos prévios à licitação, indispensáveis à abertura desta.

Um desses procedimentos é a elaboração de um estudo de viabilidade econômico-financeira da concessão, quer esta seja ou não precedida da execução de obra pública.

O eventual interessado na concessão precisa de elementos que lhe permitam avaliar a viabilidade do empreendimento. Não basta à Administração abrir a licitação. É indispensável atrair a iniciativa privada para o esquema de parceria. Para isso é necessário fornecer parâmetros confiáveis, que permitam ao interessado emitir um juízo empresarial quanto à viabilidade da concessão ao longo do prazo – necessariamente longo – a ser fixado no edital para a prestação do serviço.

A concessionária deverá efetuar investimentos, maiores ou menores, conforme o caso, mas certamente elevados, especialmente se se tratar de concessão precedida da execução de obra pública. No prazo da concessão, que é fixado pela Administração no edital (art. 18, I, da Lei 8.987/1995), deverá obter o retorno desses investimentos mediante cobrança de tarifa que assegure ainda a cobertura de custos e a auferição de lucro. Esse estudo de viabilidade econômico-financeira é fundamental não apenas para justificar a concessão, como determina o art. 5º da Lei 8.987/1995, mas também para demonstrar ao eventual parceiro do Poder Público que este, ao abrir a licitação, está alicerçado no domínio técnico e econômico-financeiro do esquema da concessão. O conhecimento adequado e profundo da situação pela Administração é condição necessária para despertar a confiança dos interessados em participar da licitação.

Nesse estudo a Administração deverá enfrentar, quando for o caso, a questão das fontes de receitas alternativas, complementares ou acessórias, bem como as provenientes de projetos associados, que serão indicadas no edital (art. 18, VI, da Lei 8.987/1995). Essas fontes de receita visam a favorecer a modicidade da tarifa (art. 11 da Lei 8.987/1995). Devem ser definidas no edital, a fim de permitir a equalização das propostas apresentadas. Serão elas, ainda, obrigatoriamente consideradas para aferição do inicial equilíbrio econômico-financeiro do contrato (parágrafo único do art. 11 da Lei 8.987/1995), aferição, essa, de notável importância tendo em conta o prazo – necessariamente longo – de execução do contrato e a possibilidade – ou probabilidade – de ser discutido nesse prazo, uma ou mais vezes, o restabelecimento desse equilíbrio.[1]

---

1. Muitas vezes essas receitas surgem na etapa de execução do contrato. Nessa hipótese a equação econômica inicial da concessão deve ser revista. V., adiante, o Capítulo 11.

Note-se que receitas alternativas, complementares ou acessórias são, por exemplo, as decorrentes, em uma rodovia concedida, da exploração por terceiros de restaurantes, postos de abastecimento de combustível e outras iniciativas paralelas. Em um aeroporto, restaurantes, hotéis, lojas, guichês de locação de veículos etc. Exemplo de projeto associado é a exploração de atividade turística ou de navegação em uma eclusa. Vale dizer: projetos associados, ao contrário de atividades alternativas, complementares ou acessórias, não guardam relação direta com o objeto da concessão. Juridicamente, porém, essa distinção não me parece relevante, na medida em que a lei trata igualmente todas essas atividades.[2]

É o estudo econômico-financeiro que permite à Administração avaliar a exeqüibilidade das propostas, desclassificando as manifestamente inexeqüíveis ou financeiramente incompatíveis com os objetivos da licitação (§ 3º do art. 15 da Lei 8.987/1995). Permite, também, a determinação do prazo da concessão (v. Capítulo 10, adiante).

Em reforço à necessidade de estudos preliminares que assegurem a confiabilidade no empreendimento, baseada sobretudo no domínio, pela Administração, do esquema proposto à parceria, cabe citar, ainda, o art. 21 da Lei 8.987/1995: "Art. 21. Os estudos, investigações, levantamentos, projetos, obras e despesas ou investimentos já efetuados, vinculados à concessão, de utilidade para a licitação, realizados pelo poder concedente ou com a sua autorização, estarão à disposição dos interessados, devendo o vencedor da licitação ressarcir os dispêndios correspondentes, especificados no edital".

Desse artigo infere-se o comando legal no sentido de efetuar – previamente à licitação para concessão – estudos, investigações, levantamentos e projetos necessários à compreensão adequada do que se busca empreender. Quanto à norma de que o vencedor da licitação deve ressarcir os dispêndios correspondentes, especificados no edital, isso não contribui para a modicidade da tarifa. Pelo contrário: em casos de maior complexidade esses dispêndios certamente serão de grande vulto. E como a concessionária os incluirá no rol dos investimentos, serão

---

2. Celso Antônio Bandeira de Mello aponta como exemplo de receitas paralelas a previsão do direito de explorar "áreas do subsolo ou contíguas à obra pública (para instalação de *shoppings centers*, supermercados, postos de gasolina, estacionamentos de automóveis, galerias, lojas etc.)" (*Curso de Direito Administrativo*, 14ª ed., p. 663).

eles repassados para o usuário do serviço, mediante inclusão no valor da tarifa ou redução da remuneração a ser paga ao poder concedente pela outorga da concessão.

Vale frisar que, por melhor que seja o planejamento da concessão, sempre haverá a hipótese de terem as partes que alterar e adaptar o contrato, na etapa de execução.

O planejamento antecede a abertura da licitação. Dele resulta o edital, cuja divulgação dá início ao procedimento licitatório.

Os eventuais interessados, convocados à licitação pela Administração Pública, efetuam, por sua vez, seu planejamento, limitado este não apenas às normas legais, como o é o planejamento expresso no instrumento convocatório, mas também às normas deste constantes. O resultado do seu planejamento é a proposta.

Ao efetuarem seus planejamentos, tanto a Administração quanto as licitantes devem ter domínio sobre o que se pretende executar. Esse domínio resulta sobretudo da experiência na execução de objetos similares ao da nova contratação. Quanto maior for o domínio, maior a probabilidade de que a contratação seja bem-sucedida.

Efetuada a licitação, e celebrado o contrato com a licitante vencedora, passa-se à etapa de execução.

Orlando Gomes (*Contratos*, 12ª ed., pp. 85-88) classifica os contratos, de acordo com sua execução, em contratos de execução instantânea e de duração; e, por sua vez, os de execução instantânea em contratos de execução imediata e de execução diferida.

Nos contratos de execução imediata é mínima a probabilidade de descompasso entre o que foi planejado e a realidade verificada na etapa da execução. O mesmo não ocorre, porém, nos contratos de execução diferida e, sobretudo, nos contratos de duração. Seria ingenuidade acreditar que nesses contratos as partes estarão, durante todo o prazo de execução, vinculadas estritamente ao que foi por elas pactuado no início da relação contratual. Nos contratos de execução diferida e de duração – sobretudo nestes últimos – não há como se falar, pelo menos em termos rigorosos, no princípio *pacta sunt servanda*.

A concessão de serviço público é um contrato de duração. Mais ainda: é de longa duração, na medida em que é inevitavelmente longo o prazo adequado à amortização dos investimentos efetuados pela concessionária, que costumam ser de grande vulto. Assim, a probabilidade de haver descompasso entre a realidade verificável na etapa da execução e o que foi planejado, quer pela Administração, quer pela concessionária, é maior do que em outros contratos administrativos de duração, tais como os de obras e os de prestação de serviços contínuos. Por outro lado, a concessão de serviço público apresenta-se atualmente no país como uma solução para a perda da capacidade de investimento do Poder Público verificada nos últimos anos, ou décadas. Atribui-se à iniciativa privada, mediante concessão, a tarefa de efetuar os investimentos necessários à satisfação do interesse da sociedade ou, na noção exposta pela doutrina jurídica italiana, do "interesse coletivo primário".[3]

Nas concessões de serviço público esse "interesse coletivo primário" é diretamente o de um segmento social claramente identificado: o dos usuários do serviço. O objetivo precípuo do contrato de concessão de serviço público não é o atendimento do interesse da Administração Pública, nem o interesse da concessionária, ambos secundários. O objetivo precípuo do contrato de concessão de serviço público é o atendimento do "interesse coletivo primário". Em outras palavras: é basicamente o atendimento do interesse dos usuários do serviço. Administração Pública e concessionária devem envidar esforços, em colaboração mútua, para melhor atingir esse objetivo.

Assim, nos contratos de concessão de serviço público, mais do que em outros tipos de contrato administrativo, faz-se necessária uma atuação flexível por parte da Administração Pública – flexibilidade, essa, que foge aos padrões a que se acostumou a doutrina jurídica excessivamente formalista. Nos dias atuais um dos maiores desafios com que se deparam os agentes administrativos, assim como os operadores do Direito, é o de compatibilizar o respeito integral à ordem constitucional e legal com a indispensável flexibilização das relações jurídicas na sociedade, inclusive das relações entre as partes nos contratos administrativos, e em especial nos de concessão de serviço público.

---

3. Essa noção reflete a distinção, bastante antiga, efetuada pela Filosofia e pela Ciência Política, entre o interesse da sociedade e o do Estado. A expressão "interesse coletivo primário" é atribuída, na doutrina jurídica italiana, a Francesco Carnelutti e foi levada para o Direito Administrativo por Renato Alessi (*Principi di Diritto Amministrativo*, v. I, pp. 226 e ss.). Segundo Alessi a função pública, inclusive a função administrativa, é exercida com vista ao atendimento desse interesse, que se situa em posição de supremacia perante o "interesse público secundário", do aparelho estatal, assim como perante o interesse privado, também secundário. Entre nós a noção é exposta sobretudo por Celso Antônio Bandeira de Mello (*Curso ...*, 14ª ed., cit., pp. 69 e ss.).

5.3 Requisitos de participação

Uma outra questão incluída na etapa de planejamento da licitação é a relativa aos *requisitos de participação*. No que se refere a esse assunto, vale abordar três tópicos.

5.3.1 Garantia de cumprimento de proposta

Em primeiro lugar, a *garantia de cumprimento de proposta*. A Lei 8.666/1993, ao contrário do Decreto-lei 2.300/1986, admite que seja ela exigida (art. 31, III). Inclui essa exigência no quadro da demonstração de capacidade econômico-financeira. Mas *garantia de cumprimento de proposta* nada tem a ver com *qualificação econômico-financeira*. É tipicamente requisito de participação na licitação.

A exigência de garantia de cumprimento de proposta está limitada a 1% do valor estimado da contratação e pode ser efetuada, à escolha da licitante, sob a modalidade de: a) caução em dinheiro ou título da dívida pública; b) seguro-garantia; ou c) fiança bancária (art. 31, III, c/c o § 1º do art. 56 da Lei 8.666/1993).

Duas questões se colocam. a) Cabe exigir garantia de cumprimento de proposta em quaisquer licitações ou apenas nas realizadas para concessão precedida da execução de obra pública? b) Pode o edital exigir garantia de cumprimento de proposta e prever, cumulativamente, aplicação de multa pelo descumprimento?

Em trabalho anterior (*Licitação para Concessão de Serviço Público*, 1995) afirmei que a garantia de cumprimento de proposta somente podia ser exigida nas licitações para concessão de serviço público precedida da execução de obra pública, devendo o respectivo percentual ser calculado sobre o valor estimado da obra. Refletindo melhor sobre o assunto, passei a entender que a exigência também pode ser efetuada nas licitações para concessão de serviço público não precedida da execução de obra pública. Em ambos os casos o valor da contratação deve ser estimado em função da receita tarifária prevista para todo o prazo da concessão. Cabe ao agente público estabelecer um percentual, de até 1%, que não onere demasiadamente ou, mesmo, inviabilize uma maior participação de interessados na licitação.

Quanto à segunda questão, não vejo impedimento legal a que o edital estabeleça a exigência de garantia de cumprimento de proposta cumulativamente com a aplicação de multa. Entendo, porém, que a

Administração deve optar por uma das regras, na medida em que não me parece razoável a dupla previsão. Curioso, aliás, é que a Lei 8.666/1993 enfraqueceu a exigência de cumprimento de proposta ao permitir, no § 6º do art. 43, que a proponente desista livremente de participar da licitação desde que o faça antes de encerrada a fase de habilitação.

5.3.2 Exigência de constituição de uma nova pessoa jurídica

Em relação à participação de empresas em consórcio a Lei 8.987/19 trouxe inovação importante. Dispõe ela, em seu art. 20: "Art. 20. É facultado ao poder concedente, desde que previsto no edital, no interesse do serviço a ser concedido, determinar que o licitante vencedor, no caso de consórcio, se constitua em empresa antes da celebração do contrato".

A finalidade da norma é, obviamente, a de permitir que a Administração opte pela contratação com uma pessoa jurídica que tenha por objeto social específico a prestação do serviço concedido (sociedade de propósito específico).

Note-se que essa norma não conflita com o § 1º do art. 278 da Lei 6.404/1976 (Lei das Sociedades por Ações), que diz não ter o consórcio personalidade jurídica. Não se atribui ao consórcio personalidade jurídica. Autoriza-se a Administração a exigir que as empresas que participaram da licitação em consórcio – e foram declaradas vencedoras – constituam uma nova pessoa jurídica que tenha como objeto social especificamente a prestação do serviço concedido.

Uma questão que desde logo se coloca é a de saber se o edital pode exigir da empresa vencedora, que participou da licitação isoladamente, que constitua uma pessoa jurídica para o fim específico de explorar a concessão. Penso que sim. O edital pode fazer essa exigência.

A interpretação finalística ou teleológica conduz ao entendimento de que o objetivo da lei é autorizar a outorga da concessão a uma pessoa jurídica que tenha o objeto específico de prestar o serviço concedido. Assim sendo, a norma deve ser entendida com maior amplitude, abrangendo não apenas a hipótese de participação em consórcio como também a de participação isolada. Penso que se pode exigir da empresa vencedora que constitua uma sociedade de propósito específico mediante *cisão* ou criação de uma *subsidiária integral*.

Acentue-se que essa exigência, se constante do edital, poderá inviabilizar a participação, na licitação, de empresas estatais (sociedades de economia mista e empresas públicas). Isso porque os incisos XIX e XX do art. 37 da Constituição dispõem: "XIX – somente por lei específica poderão ser criadas empresa pública, sociedade de economia mista, autarquia ou fundação pública; XX – depende de autorização legislativa, em cada caso, a criação de subsidiárias das entidades mencionadas no inciso anterior, assim como a participação de qualquer delas em empresa privada".

Não será fácil a uma empresa estatal obter, a tempo, autorização legislativa, "em cada caso", para participar de uma nova pessoa jurídica, quer como controladora, quer como simples acionista ou quotista.

5.3.3 Subcontratações

Finalmente, ainda no que se refere a requisitos de participação, há que se falar em *subcontratações*. Estas, como se viu acima, são previstas no § 1º do art. 25 da Lei 8.987/1995: "§ 1º. Sem prejuízo da responsabilidade a que se refere este artigo, a concessionária poderá contratar com terceiros o desenvolvimento de atividades inerentes, acessórias ou complementares ao serviço concedido, bem como a implementação de projetos associados".

Repito que a subcontratação não se confunde com a subconcessão, prevista no art. 26 da Lei 8.987/1995, tal como exposto acima (item 2.5). Nesta, parte dos serviços concedidos é transferida a outrem, que os prestará aos usuários por sua conta e risco e sob sua responsabilidade. A subcontratação em nada afeta a concessão, que continua sob a responsabilidade da concessionária.

As subcontratações podem abranger: a) atividades inerentes à concessão; b) atividades acessórias ou complementares; e c) implementação de projetos associados. Nas subcontratações de atividades inerentes à concessão a concessionária *paga* às subcontratadas um preço pelos serviços ou bens a ela prestados ou fornecidos. Constituem, portanto, *custo* da concessionária, a ser normalmente repassado à *tarifa* cobrada dos usuários do serviço ou abatido do valor pago pela outorga da concessão. Nas subcontratações de atividades acessórias ou complementares, bem como de projetos associados, a concessionária *recebe* um preço das subcontratadas, o que contribui para a redução da *tarifa* cobrada dos usuários do serviço. Já se mencionou, acima, que essas receitas da concessionária têm por objetivo favorecer a modicidade da tarifa (art. 11 da Lei 8.987/1995).

6
MODALIDADES DE LICITAÇÃO

6.1 Concorrência. 6.2 Leilão. 6.3 Escolha da modalidade de licitação.

6.1 Concorrência

Para concessão de serviço público a lei prevê duas modalidades de licitação: a *concorrência* e o *leilão*.

Em regra, deve ser realizada *concorrência*.

O prazo mínimo para apresentação de propostas é o de 30 dias, de acordo com a Lei 8.666/1993 (art. 21, § 2º, II, "a"). A Administração costuma adotar acriticamente, independentemente das características específicas de cada caso, o prazo mínimo legal. Na concessão esse prazo é quase sempre inviável.

Os interessados em participar da licitação têm que efetuar estudos complexos que irão embasar suas propostas, negociar acordos empresariais, muitas vezes internacionais, e tomar outras providências que demandam tempo. Não adianta estabelecer prazos exíguos, irrealistas, porque se termina por dilatá-los, com evidente desgaste para todos, inclusive para a promotora da licitação.

A Administração pode realizar uma pré-qualificação de licitantes, "a ser procedida sempre que o objeto da licitação recomende análise mais detida da qualificação técnica dos interessados" (art. 114 da Lei 8.666/1993).

Muitos sustentam que a pré-qualificação *antecede* a realização da concorrência. Entendo que não. A Administração pode realizar a concorrência recebendo, simultaneamente, documentos para efeito de habilitação ou qualificação e propostas, ou recebendo documentos em uma etapa preliminar e solicitando propostas apenas às pré-qualificadas. A pré-qualificação faz parte da concorrência.

6.2 Leilão

Em certos casos pode ser adotado o *leilão*. Ele é previsto para a hipótese de privatização de serviço público *federal* (arts. 27 e 29 da Lei 9.074/1995). Se um Estado ou Município, assim como o Distrito Federal, desejar adotá-lo deverá editar lei própria.[1]

A concessão de serviço público pode ser privatizada de duas maneiras: a) privatizando-se a concessionária; ou b) privatizando-se apenas a concessão.

Exemplos da primeira hipótese, na esfera federal, foram as privatizações da *Light* e das empresas do sistema TELEBRÁS. Da segunda, as privatizações de rodovias e ferrovias.

6.3 Escolha da modalidade de licitação

Sobre a escolha da modalidade de licitação para privatização de serviço público cabem algumas considerações.

O Poder Público, ao celebrar contratos, ora está na posição de "comprador", ora na de "vendedor". Na posição de "comprador" ele adquire materiais ou equipamentos, contrata a prestação de serviços ou contrata a execução de obras. Na de "vendedor" ele aliena bens integrantes de seu patrimônio.

Quer para "comprar", quer para "vender", tem o dever, *por força da Constituição* (arts. 37, XXI, e 175), de realizar licitação. A licitação pode ser efetuada mediante cinco modalidades. A licitação é o gênero, do qual são espécies (modalidades), entre outras, a concorrência e o leilão. A concorrência é utilizada, pelo menos em regra, quando o Poder Público "compra". O leilão, quando "vende".

Quer na privatização de serviço público mediante concessão, quer mediante desestatização, o Poder Público está distante da posição de "vendedor". Ele está buscando um "parceiro". Nisso se aproxima mais da posição de "comprador".

---

1. Como fez o Estado de São Paulo ao criar o Programa Estadual de Desestatização (Lei 9.361/1996).

O Poder Público não "vende" o serviço. Este continua a ser de sua propriedade, ou seja, de sua titularidade (e responsabilidade). A empresa privada concessionária do serviço público – quer a privatização resulte de uma concessão, quer de uma desestatização – não passa a ser "dona" do serviço público. Ela o exerce *em nome do poder concedente*, embora por sua conta e risco.[2]

Assim, quando o Poder Público vende o controle acionário de uma empresa de atividade econômica (CVRD ou CSN, por exemplo) ele está alienando patrimônio. Quando vende o controle acionário de uma empresa de serviço público (TELESP ou TELERJ, por exemplo) ele também está alienando patrimônio, mas seu *objetivo principal* não é – *ou não deveria ser* – obter o maior preço, mas sim atrair investimentos privados para o setor e, em conseqüência, possibilitar o melhor atendimento ao usuário.

O leilão é a modalidade de licitação mais adequada para "vender". Se o objetivo principal não é "vender" a modalidade mais adequada é a concorrência. Porque o leilão, tal como está estruturado no Direito Brasileiro, como modalidade de licitação adequada para "venda", não oferece as mesmas possibilidades de se aferir a qualificação técnica e econômica da empresa, ou consórcio de empresas, que pretenda exercer o serviço. A melhor concessionária não será, necessariamente, a que ofereça o maior preço pela "venda" do serviço ou do controle da empresa estatal, mas sim a que demonstre melhores condições de vir a prestar o "serviço mais adequado". Para isso ela deverá, na licitação, comprovar sua qualificação técnica e econômica, o que é bem mais fácil de avaliar na concorrência do que no leilão.

Esta discussão – sobre qual a melhor modalidade de licitação para privatizar serviços públicos – está ligada a uma outra, bem mais relevante. As privatizações estão ocorrendo. Mas privatizar *para quê*? Para aliviar ou fortalecer o caixa do Tesouro, ou para melhor atender ao usuário? Penso que a adoção do leilão, ao invés da concorrência, decorre, pelo menos em regra, de se considerar a privatização prioritariamente como um "negócio" para a Administração, e apenas secundariamente como um benefício para o usuário.[3]

2. Sobre o exercício do serviço pela concessionária "em nome do poder concedente" v., acima, o item 2.7.
3. O Plenário do STF, ao apreciar em 7.8.2002 a ADIn 1.582-6, acaba de julgar constitucional o art. 27, I e II, da Lei 9.074/95, que autoriza a privatização,

mediante realização de leilão, de serviços públicos prestados por pessoas jurídicas sob controle direto ou indireto da União (*DOU* de 15.8.2002). Entendeu o STF que a expressão "licitação", contida no art. 175 da Constituição, é gênero, do qual são espécies (modalidades) tanto a concorrência quanto o leilão. A decisão do STF é juridicamente intacável. Reafirmo, porém, meu entendimento de que o leilão é modalidade de licitação inadequada para privatização de serviços públicos. Vale notar que no mesmo sentido posiciona-se Adriano Murgel Branco (ob. cit., p. 276). Escreve ele: "Misturou-se desde logo a venda de empresas públicas *de mercado*, de gênero puramente industrial, como as do setor petroquímico e siderúrgico, com concessões de serviços públicos. No primeiro caso, pode-se falar de *privatização* e até de leilão de ações; no segundo caso não! Um serviço público concedido não é privatizado: ele segue sendo uma responsabilidade do poder público. Por isso, as regras de licitação devem ser muito mais rígidas, procurando qualificar da melhor forma possível o concessionário, o que não é necessariamente alcançado por um leilão." E acrescenta: "As manipulações que podem cercar o leilão são inúmeras. O próprio poder público, ao perceber que os 'lances' estavam sempre próximos dos valores mínimos, sabidamente baixos, acabou por 'inventar' o leilão com envelope fechado, que é tudo menos leilão".

7
O EDITAL DA LICITAÇÃO

7.1 Ato de justificação prévia e audiência pública. 7.2 Publicidade e impugnação do edital. 7.3 Conteúdo do edital.

7.1 Ato de justificação prévia e audiência pública

Do planejamento da contratação resulta o *edital* da licitação. Mas antes que ele seja divulgado a Administração deve publicar ato justificando a conveniência da outorga da concessão e caracterizando seu objeto, área e prazo (art. 5º da Lei 8.987/1995).

A lei não dispõe sobre o momento e a forma dessa justificação.

Nas licitações de valor estimado superior a 100 vezes o limite para realização de concorrência para obras e serviços de engenharia a Administração deve realizar audiência pública (art. 39 da Lei 8.666/1993). Essa audiência deve ser realizada com a antecedência mínima de 15 dias úteis da data prevista para publicação do aviso referente ao edital e divulgada com a antecedência mínima de 10 dias úteis da data de sua realização.

Tanto o ato de justificação prévia quanto a audiência pública têm por finalidade submeter a realização da licitação, bem como a concessão, ao controle da sociedade.

Vale notar que, levando-se em conta essa finalidade da audiência pública, a Administração deve ter, já pronta, no momento de sua divulgação, uma minuta preliminar do edital, se não de todo ele, com seus anexos, pelo menos de suas "condições gerais", a fim de melhor facilitar a condução dos trabalhos na reunião.

Por outro lado, já que a publicação do ato de justificação não está disciplinada pela lei, parece-me que a ela deva ser dado tratamento análogo ao da audiência pública. Assim, entendo que o ato de justificação pode ser divulgado até 15 dias úteis antes da abertura da licitação, devendo essa divulgação ser efetuada de acordo com as mesmas normas aplicáveis à publicação do aviso relativo à concorrência. Quando houver audiência pública a justificação poderá ser apresentada na própria audiência.

Note-se que alguns editais estão contendo a justificação da concessão. Pretende-se, com isso, estar atendendo ao comando da norma do art. 5º da Lei 8.987/1995. É evidente o despropósito dessa pretensão, já que o dispositivo legal dispõe, claramente, que a justificação prévia deverá ser efetuada "previamente ao edital".

7.2 Publicidade e impugnação do edital

Elaborado o edital, a Administração faz publicar aviso comunicando que a licitação está aberta à participação dos interessados. A publicação deve efetuar-se na forma do art. 21 da Lei 8.666/1993.

O edital pode ser impugnado, por cidadão ou por interessado (§§ 1º e 2º do art. 41 da Lei 8.666/1993).

A impugnação por cidadão deve ser feita até cinco dias úteis antes "da data fixada para a abertura dos envelopes de habilitação". Deve ser corretamente entendido que o prazo é o de até cinco dias úteis antes da data fixada para *recebimento* dos envelopes contendo documentos e propostas. Porque a *abertura* dos envelopes pode ser realizada em um outro dia. A Administração deve apreciar a impugnação e responder ao impugnante em até três dias úteis após recebê-la.

Já o interessado (a lei fala em "licitante", mas nesse momento não existe ainda licitante, e sim alguém que diz ser interessado em participar da licitação) pode impugnar o edital até o segundo dia útil que anteceder a data prevista para o recebimento dos envelopes.

Na prática, quando há realmente interesse em participar, a licitante potencial dificilmente impugna o edital no limite do prazo legal. Ela o faz com antecedência maior, a fim de ter tempo para avaliar se, diante de uma posição inarredável da Administração, lhe convém ou não ingressar em juízo.

7.3 Conteúdo do edital

O *conteúdo do edital* deve ser, basicamente, o previsto no art. 18 da Lei 8.987/1995, além, quando for o caso, do dispositivo do art. 20 da mesma lei, a que me referi anteriormente (item 5.3.2).

A Lei 8.987/1995 inovou ao determinar (art. 18, III) que o edital deverá conter prazos para julgamento de propostas e assinatura do contrato. O legislador não se apercebeu de que isso é impossível. É verdade que muitas vezes a Administração é desnecessariamente lerda. As licitantes ficam à espera de uma decisão que não é tomada. Vence o prazo de validade das propostas, e nada da decisão. Mas muitas vezes, também, o cronograma da licitação, elaborado pela Administração, é prejudicado pela interposição de recursos administrativos ou medidas judiciais, fatos que, em maior ou menor grau, escapam a seu controle.

O edital deve estabelecer, ainda, critérios para aferição da habilitação (art. 18, V) e julgamento das propostas (art. 18, IX), bem como critérios de reajuste e revisão da tarifa (art. 18, VIII). Tratarei desses assuntos a seguir, nos Capítulos 9 e 11, respectivamente.

8
HABILITAÇÃO OU QUALIFICAÇÃO

8.1 Habilitação ou qualificação econômico-financeira: 8.1.1 Nota introdutória – 8.1.2 Capital ou patrimônio líquido mínimo – 8.1.3 Habilitação ou qualificação econômico-financeira de consórcios. 8.2 Habilitação ou qualificação técnica: 8.2.1 Modalidades de capacidade técnica – 8.2.2 Capacidade técnica específica.

8.1 Habilitação ou qualificação econômico-financeira

8.1.1 Nota introdutória

A habilitação ou qualificação das licitantes deve fazer-se na conformidade da Lei 8.666/1993. A Lei 8.987/1995 (art. 18, V) dispõe que o edital deve conter critérios para aferição da habilitação ou qualificação das licitantes.

Deixarei de lado considerações sobre habilitação jurídica e regularidade fiscal e farei algumas observações sobre qualificação econômico-financeira e técnica.

As noções básicas sobre ambas as qualificações devem ser vistas sob dois enfoques. Na concessão de serviço público elas devem ser apreciadas em relação à prestação do serviço. Na concessão de serviço público precedida da execução de obra pública devem ser vistas tanto em relação à prestação do serviço quanto à execução da obra.

8.1.2 Capital ou patrimônio líquido mínimo

O § 2º do art. 31 da Lei 8.666, de 21.6.1993, dispõe: "§ 2º. A Administração, nas compras para entrega futura e na execução de obras e serviços, poderá estabelecer, no instrumento convocatório da licitação, a exigência de capital mínimo ou de patrimônio líquido mínimo, ou ainda as garantias previstas no § 1º do art. 56 desta Lei, como dado objetivo de comprovação da qualificação econômico-financeira dos licitantes e para efeito de garantia ao adimplemento do contrato a ser ulteriormente celebrado".

Por sua vez, o § 3º do mesmo artigo limita essa exigência a 10% do valor estimado da licitação.

Preliminarmente, há que se acentuar que a norma do § 2º acima transcrita deve ser entendida como podendo a Administração exigir, além de capital social ou patrimônio líquido mínimo, a garantia de execução contratual prevista no § 1º do art. 56. O sentido da norma legal não é o de permitir uma ou outra exigência. O edital pode conter *uma* ou as *duas* exigências. Vale dizer: a Administração pode exigir capital social ou patrimônio líquido mínimo e garantia de execução contratual. A fórmula legal não é, pois, a de poder a Administração exigir "A" (capital social ou patrimônio líquido mínimo) ou "B" (garantia de execução contratual), e sim a de poder exigir "A" ou "A" mais "B".

Enquanto a exigência de capital social ou patrimônio líquido mínimo diz respeito à qualificação econômico-financeira – fase do procedimento licitatório –, a ser aferida relativamente a todas as licitantes, a exigência de garantia de execução contratual refere-se ao cumprimento das obrigações pela contratada, ou seja, apenas pela licitante vencedora. São duas exigências distintas, voltada uma para as licitantes e a outra para a contratada. A primeira insere-se numa etapa do processo de contratação – qual seja, a licitação. A outra, na etapa de execução contratual.

Se as duas exigências se referissem à qualificação econômico-financeira poder-se-ia entender que seriam elas excludentes entre si. Mas esse entendimento passa a ser desarrazoado exatamente por serem referidas a momentos distintos, cada uma delas com uma função específica: a primeira tem por função aferir a qualificação econômico-financeira; a segunda tem por função garantir a execução do contrato, já ultrapassado o procedimento licitatório.

A Constituição, em seu art. 37, XXI, dispõe que somente são permitidas "as exigências de qualificação técnica e econômica indispensáveis à garantia do cumprimento das obrigações". É necessário fixar bem o conceito de *indispensabilidade*.

À primeira vista pode-se afirmar que a indispensabilidade se refere a um teto de exigências, quer referentes à qualificação técnica, quer à qualificação econômica, não se podendo ultrapassar esse teto. Isso, porém, não é exato.

Sem cair na impropriedade de apelar para a interpretação literal, vale lembrar que – como se encontra no *Novo Dicionário da Língua Portuguesa*, de Aurélio Buarque de Holanda Ferreira, 2ª edição – "indispensável" é o "que não se pode dispensar; imprescindível (...) absolutamente necessário; essencial".

O dispositivo constitucional exige que exista uma relação de adequação entre o requerido pela Administração e o objeto da licitação. Essa relação de adequação traduz-se na noção de *indispensabilidade*. Assim, a Administração não pode exigir requisitos de capacitação técnica ou econômico-financeira *além* do que seja essencial ao cumprimento das obrigações, frustrando, assim, o caráter competitivo da licitação. Mas também não pode efetuar exigências *aquém* do que seja essencial ao cumprimento das obrigações, favorecendo, com isso, a participação de interessados sem capacidade – quer técnica, quer econômica – para cumprir o objeto do contrato.

Trazidas essas noções para a interpretação dos §§ 2º e 3º do art. 31 da Lei 8.666/1993, devem ser contempladas três situações: a) a contratação, em função de suas características, especialmente do valor, apresenta *nenhum* risco quanto à solidez econômico-financeira da licitante; b) a contratação apresenta *pouco* risco quanto à solidez econômico-financeira da licitante; ou c) a contratação apresenta *muito* risco quanto à solidez econômico-financeira da licitante.

A Lei 8.666/1993, como se viu acima, dispõe que a Administração *poderá* exigir capital social ou patrimônio líquido mínimo. Mas o art. 37, XXI, da Constituição determina que as exigências referentes à qualificação técnica e econômica serão aquelas *indispensáveis* ao cumprimento das obrigações.

Entendida a noção de *indispensabilidade* tal como acima exposto, a Administração não tem a discricionariedade (liberdade) de exigir ou não capital social ou patrimônio líquido mínimo. Ela tem a discricionariedade (liberdade) de aferir o grau de complexidade econômica do objeto a contratar e, diante das três situações acima elencadas, não fazer a exigência (situação "A"), fazer a exigência escolhendo o percentual mais adequado ao caso concreto, entre diferente de zero e 10%

(situação "B"), ou fazer a exigência no percentual de 10% (situação "C", de maior complexidade econômica).

Se a Administração, diante das situações "B" e "C", não efetuar exigência quanto ao capital social ou patrimônio líquido mínimo, estará extrapolando o limite da margem de discricionariedade que a lei lhe concedeu. Por outro lado, estará descumprindo a Constituição, na medida em que deixará de exigir algo *indispensável, absolutamente necessário* ou *essencial* ao cumprimento das obrigações. Se a expressão "poderá", contida na lei, fosse interpretada como conferindo à Administração uma liberdade total de atuação estaríamos diante de uma situação de *arbítrio*, e não de *discricionariedade* – noções antagônicas, exatamente porque a primeira está ligada à atuação da Administração fora da ordem jurídica, enquanto a segunda refere-se ao poder da Administração de escolher uma dentre várias soluções de aplicação possíveis, todas contidas na "moldura legal" a que se refere Hans Kelsen em sua *Teoria Pura de Direito* (3ª ed., p. 466).

Acentue-se que fere o princípio constitucional da isonomia – podendo até ser responsabilizado, em casos concretos, por favorecimento – não apenas o agente público que inclui no edital de licitação exigências quanto à qualificação técnica ou econômico-financeira superiores às indispensáveis, essenciais ou absolutamente necessárias, dirigindo a licitação a empresas de maior porte, como também o que deixa de exigir requisitos indispensáveis, essenciais ou absolutamente necessários, beneficiando, com isso, empresas incapazes de, no fornecimento de bens, execução de obras ou prestação de serviços, assegurar qualidade satisfatória. Note-se que, assim como a *isonomia* é um princípio constitucional (art. 5º da CF), também o é a *economicidade* (art. 70), que se traduz na relação "custo/benefício". Tanto a isonomia quanto a economicidade devem ser observadas pela Administração, exatamente por serem, ambas, princípios constitucionais.

Em trabalho anterior (*Licitação para Concessão de Serviço Público*, cit.) sustentei o entendimento de que a exigência de capital social ou patrimônio líquido mínimo cabia apenas na licitação para concessão de serviço público precedida da execução de obra pública, devendo o percentual exigível ser calculado sobre o valor estimado das obras. Refletindo melhor sobre o assunto, modifiquei essa opinião ao escrever a 1ª edição deste livro. Parece-me que essa exigência pode ser efetuada também para concessão de serviço público não precedida da execução de obra pública.

Em ambos os casos o valor estimado da contratação deve ser calculado em função da receita tarifária prevista para todo o prazo da concessão. O poder concedente deve, à vista desse valor estimado, fixar, em cada caso concreto, o percentual exigível, até o limite legal de 10%. Essa fixação deve ser efetuada à luz da noção de *indispensabilidade*, tal como acima exposto.

8.1.3 Habilitação ou qualificação econômico-financeira de consórcios

Vale efetuar, a este passo, breves considerações sobre habilitação ou qualificação econômico-financeira de consórcios.

O art. 33, III, da Lei 8.666/1993 admite, para efeito de qualificação econômico-financeira, "o somatório dos valores de cada consorciado, na proporção de sua respectiva participação". Esse dispositivo tem suscitado dúvidas quanto à sua interpretação.

Entendo que essa regra deve ser interpretada como a admissão legal de que, para apurar o "capital do consórcio", se deva tomar o capital de cada consorciada, na proporção de sua *participação no consórcio*, somando-se os valores encontrados. Isso na hipótese de pelo menos uma delas não atender, isoladamente, ao mínimo exigido. Porque se *todas* as consorciadas atendem ao mínimo não tem sentido a admissão de *somatório*.

Tome-se a seguinte hipótese:

CAPITAL MÍNIMO EXIGIDO
R$ 100 milhões

Empresa Consorciada	Participação %	Capital (R$ x milhões)
A	40	60
B	40	60
C	20	20

O somatório dos capitais das três consorciadas excede, nesse exemplo, em 40% o capital mínimo exigido. Se a lei admitisse o somatório simples esse consórcio estaria qualificado. Mas, devendo o somatório ser proporcional, ele está desqualificado, porque, juntas, as empresas consorciadas atingem, proporcionalmente, um capital de R$ 52 milhões.

Se nessa hipótese, porém, uma das empresas consorciadas ultrapassasse o mínimo exigido (capital de R$ 100 milhões) o consórcio poderia estar qualificado. Bastaria, por exemplo, que a empresa "A" tivesse o capital de R$ 180 milhões. Não seria razoável entender o dispositivo legal, a partir da noção de sua finalidade, no sentido de determinar a desqualificação, *em qualquer caso*, de um consórcio em que uma das empresas consorciadas tivesse o capital mínimo exigido, embora a outra, ou outras, não. Porque, nesse caso, se ela participasse isoladamente seria qualificada. Como chegar à conclusão de que, isolada, ela seria qualificada, e em consórcio não?

É verdade que, isolada, sua participação seria de 100%, enquanto em consórcio seria menor. Mas, de acordo com o art. 33, V, da Lei 8.666/1993, a responsabilidade das empresas consorciadas deve ser *solidária*.

Lembre-se que o § 1º do art. 278 da Lei 6.404/1976 (Lei das Sociedades por Ações) dispõe: "§ 1º. O consórcio não tem personalidade jurídica e as consorciadas somente se obrigam nas condições previstas no respectivo contrato, respondendo cada uma por suas obrigações, *sem presunção de solidariedade*" (grifei).

O Decreto-lei 2.300/1986, quando tratou da participação, em licitações, de empresas em consórcio (art. 26), silenciou a respeito da solidariedade, o que levava ao entendimento de que essa solidariedade existiria ou não, de acordo com o que dispusesse o edital. No silêncio deste não haveria responsabilidade solidária, cabendo a cada empresa consorciada responsabilizar-se *por suas obrigações*. Vale dizer: *no limite de sua participação*.

A Lei 8.666/1993 determinou que a responsabilidade deve ser solidária. Assim como também o fez a Lei 8.987/1995, que disciplina as concessões e permissões de serviço público (§ 2º do art. 19).

Se as empresas consorciadas são solidariamente responsáveis pelo empreendimento, não importa, na hipótese acima, qual a participação percentual da empresa "A". Sua integração no consórcio, com o capital de R$ 180 milhões, contribui, decisivamente, para a qualificação econômico-financeira desse consórcio. É irrelevante, nessa hipótese, a *proporção* de sua participação (40%). Importa o fato de que ela é responsável por 100% do empreendimento, já que a lei determina a solidariedade.

Poder-se-á argumentar, a este passo, que o raciocínio ora exposto conduz, de um ponto de vista lógico, ao entendimento de que deveria bastar que uma das empresas consorciadas tivesse o capital mínimo exigido para que o consórcio fosse qualificado. No exemplo acima, deveria bastar à empresa "A" o capital de R$ 100 milhões para qualificar o consórcio. Concordo. Mas o intérprete não é legislador, e este optou pela admissão do somatório na proporção da participação de cada consorciada. Assim, não basta que uma das consorciadas tenha o capital mínimo exigido.

A lei poderia ter ampliado mais. Não o fez, e não cabe ao intérprete fazê-lo.

A finalidade da norma que admite o somatório é a de *ampliar* o universo de licitantes nos casos em que uma ou mais de uma empresa consorciada não preencha, isoladamente, o mínimo exigido. Se se entendesse diferentemente do que acima foi exposto poder-se-ia chegar ao resultado oposto: o de *restringir* o universo de licitantes, na medida em que se exigiria que todas as empresas consorciadas deveriam ter capital igual ou superior ao percentual do valor mínimo exigido correspondente à proporção de sua participação.

Suponha-se a seguinte situação:

CAPITAL MÍNIMO EXIGIDO
R$ 100 milhões

Empresa Consorciada	Participação %	Capital (R$ x milhões)
A	20	360
B	60	30
C	20	80

De acordo com a lei esse consórcio estaria qualificado apesar de a empresa "B" – a de maior participação – não possuir capital de R$ 60 milhões. Isso porque a empresa "A" teria contribuído, decisivamente, para que o consórcio atingisse o mínimo exigido, somando-se os capitais das consorciadas na proporção de sua participação. E não se poderia argüir que a *participação* da empresa "A" seria de apenas 20%, porque sua *responsabilidade* seria solidariamente pelo total.

Pode dizer-se que essa empresa (empresa "A") atenderia à sua parte e destinaria o valor excedente para completar a parte das outras. Saliente-se que não basta que a empresa tenha um excedente. É necessário que esse excedente seja suficiente para completar a parte das demais.

Vale acentuar que a lei não contém duas exigências: a) a de que o somatório dos valores das consorciadas, na proporção de suas respectivas participações, seja igual ou superior ao mínimo exigido; e b) a de que cada consorciada atinja um limite individual correspondente a um valor percentual do capital exigido, na proporção de sua participação. Ou seja: que se sua participação for, por exemplo, de 40% seu capital deva ser, pelo menos, igual a 40% do capital mínimo exigido pelo edital. A lei só prevê a primeira exigência ("a"). Se o "capital do consórcio", *apurado mediante o somatório proporcional*, for igual ou superior ao mínimo exigido estará ele qualificado mesmo que uma das consorciadas esteja abaixo de sua participação ponderada individual (por exemplo: se sua participação for de 40% e seu capital for inferior a 40% do mínimo exigido).

Alguns editais têm adotado o seguinte esquema interpretativo:

CAPITAL MÍNIMO EXIGIDO = "X"

Participação (hipotética) das empresas consorciadas

- Empresa **A** = 40%
- Empresa **B** = 40%
- Empresa **C** = 20%

Nessa hipótese a empresa "A" deve ter, no mínimo, capital igual a 40% de "x", a empresa "B" deve ter, no mínimo, 40% de "x" e a empresa "C", no mínimo, 20% de "x".

Contra essa interpretação, cabe argumentar: a) ela simplesmente ignora o *somatório proporcional*, admitido em lei; e b) esse esquema seria coerente com uma lei que admitisse a responsabilidade de cada consorciado *por suas obrigações*, mas não com uma lei que determina que a responsabilidade das consorciadas deve ser *solidária*, como faz a Lei 8.987/1995.

Suponha-se a seguinte hipótese:

CAPITAL MÍNIMO EXIGIDO

R$ 100 milhões

Empresa Consorciada	Participação %	Capital (R$ x milhões)
A	40	40
B	40	50
C	20	20

De acordo com essa segunda interpretação o consórcio estaria qualificado, porque cada empresa consorciada teria um capital que respeitaria, em relação ao mínimo exigido no edital, a mesma proporção de sua participação no consórcio. O esquema da lei, no entanto, não admite essa verificação individual, e sim o *somatório* dos capitais das consorciadas.

Poder-se-ia argumentar que nessa hipótese se procederia, implicitamente, ao cálculo do somatório dos capitais das empresas consorciadas, já que, juntas, elas atingiriam o capital mínimo exigido. Mas esse somatório seria *simples*, e a lei, como se viu, somente admite o somatório *proporcional*.

Tem-se afirmado que a interpretação ora sustentada prejudica a *competitividade*, porque exige a participação, no consórcio, pelo menos de uma empresa de grande porte.

Parece-me, em primeiro lugar, que não é a interpretação ora sustentada que pode prejudicar a competitividade. Se algum prejuízo há para essa competitividade – o que não é certo –, ele não está *na interpretação da lei*, mas na admissão do somatório proporcional – e não do somatório simples – *feita pela lei*.

Em segundo lugar, seria absurdo admitir-se o somatório simples e exigir, ao mesmo tempo, a responsabilidade solidária. Se, por exemplo, o edital exige capital mínimo de R$ 100 milhões é porque é este o valor considerado necessário para assegurar a capacidade econômico-financeira da eventual contratada, isoladamente ou em consórcio. Se se permitisse, por exemplo, a participação de duas empresas em consórcio, cada uma delas com capital de R$ 60 milhões, nenhuma delas seria capaz de assumir o total da responsabilidade econômico-financeira considerado necessário, embora o somatório simples de seus capitais fosse superior ao mínimo exigido. Se uma delas quebrasse a outra não teria, por definição, capacidade econômico-financeira para enfrentar sozinha o empreendimento.

Por último, é questionável a afirmação de que o entendimento contrário ao ora sustentado garantiria a maior competitividade. Suponha-se a seguinte hipótese:

CAPITAL MÍNIMO EXIGIDO
R$ 100 milhões

Empresa Consorciada	Participação %	Capital (R$ x milhões)
A	40	215
B	40	30
C	20	15

De acordo com a interpretação ora exposta esse consórcio seria *habilitado*, já que o somatório proporcional seria o de R$ 101 milhões, permitindo-se que empresas menores, desde que em parceria com uma maior, pudessem participar do empreendimento. De acordo com os adeptos da segunda interpretação o consórcio seria *inabilitado*, porque somente uma atenderia à exigência do edital.

O absurdo da situação seria mais evidente se, nessa última hipótese, tivéssemos a empresa "A" com capital de 40, a empresa "B" com capital de 40 e a empresa "C" com capital de 20. Apesar de termos uma redução do somatório simples dos capitais individuais de R$ 260 milhões para R$ 100 milhões, o consórcio seria habilitado.

Volto a dizer que a lei é errada, porque, para ser coerente com o disposto no inciso V do art. 33, que dispõe ser a responsabilidade das consorciadas *solidária*, deveria ela ter admitido a qualificação do consórcio sempre que *uma* das consorciadas tivesse o capital mínimo exigido, independentemente de sua participação percentual no consórcio, já que ela seria responsável solidariamente pelo total.

Interpreta-se a lei, porém, tal como foi posta no sistema jurídico, e não como, ao ver do intérprete, deveria ter sido.

8.2 Habilitação ou qualificação técnica

8.2.1 Modalidades de capacidade técnica

Quanto à capacidade técnica, pode ela ser, de acordo com lição de Hely Lopes Meirelles, *genérica*, *específica* e *operativa*. Diz ele:

"*Capacidade técnica* ou *qualificação técnica*, como diz a lei atual, é o conjunto de requisitos profissionais que o licitante apresenta para executar o objeto da licitação. Essa capacidade pode ser *genérica*, *específica* e *operativa*, e sob todos esses aspectos pode ser examinada pela Administração, na habilitação para licitar, desde que pedida no edital a sua comprovação (art. 30).

"Comprova-se a capacidade técnica *genérica* pelo registro profissional; a capacidade técnica *específica*, por atestados de desempenho anterior e pela existência de aparelhamento e pessoal *adequados* para a execução do objeto da licitação; a capacidade técnica *operativa*, pela demonstração da existência de aparelhamento e pessoal *disponíveis* para a execução do objeto da licitação constante do edital" (*Licitação e Contrato Administrativo*, 13ª ed., p. 137).

8.2.2 Capacidade técnica específica

Como acentuei acima, a Constituição, em seu art. 37, XXI, dispõe que somente são permitidas "as exigências de qualificação técnica e econômica indispensáveis à garantia do cumprimento das obrigações".

Acentue-se que a Lei 8.666/1993, em consonância com a Constituição, dispõe, no inciso II do art. 30: "Art. 30. A documentação relativa à qualificação técnica limitar-se-á a: (...) II – comprovação de aptidão para desempenho de atividade pertinente e compatível em características, quantidades e prazos com o objeto da licitação, e indicação das instalações e do aparelhamento e do pessoal técnico adequados e disponíveis para a realização do objeto da licitação, bem como da qualificação de cada um dos membros da equipe técnica que se responsabilizará pelos trabalhos".

Essas *pertinência* e *compatibilidade* com o objeto da licitação expressam a *relação de adequação* entre o que se exige do interessado para participar da licitação e o objeto desta, em função da *indispensabilidade* a que se refere a Constituição.

É verdade que ainda há quem entenda que o veto presidencial à alínea "b" do § 1º do art. 30 do Projeto de Lei 1.491-F, que resultou na Lei 8.666/1993 – veto, esse, repetido quanto ao inciso II do § 1º do art. 30 do Projeto de Lei de Conversão 10/1994, que resultou na Lei 8.883/1994 –, importou a proibição de se exigir, *da empresa*, demonstração de capacidade técnica. Com entendimento diverso escrevi trabalho publicado na *RTDP* 5, posteriormente incluído em meu *Ato Administrativo, Licitações e Contratos Administrativos* (1ª ed., 2ª tir., pp. 67 e ss.). Nesse artigo tive oportunidade de abordar a questão da exigência nos contratos de construção civil. O núcleo da argumentação tem aplicação aos contratos de concessão de serviço público precedidos da execução de obra pública.

O Projeto de Lei 1.491-F, que resultou na Lei 8.666/1993, previa que a qualificação técnica do interessado seria aferida de acordo com o seguinte esquema: a) capacidade técnico-profissional; e b) capacidade técnico-operacional.

A primeira, na alínea "a" do § 1º do art. 30. A segunda, na alínea "b" do mesmo parágrafo.

As duas capacitações estavam referidas a *características*, *quantidades mínimas* e *prazos máximos*.

A capacitação *técnico-profissional* limitava-se à exigência de atestados referentes às parcelas de maior relevância e valor significativo das obras e serviços licitados (características), *vedadas as exigências de quantidades mínimas ou prazos máximos*.

A alínea "b" limitava as exigências referentes à capacitação *técnico-operacional* tanto em relação às características ("parcelas de maior relevância técnica ou valor significativo do objeto da licitação") quanto às quantidades mínimas e prazos máximos (50% dos quantitativos mínimos e 50% das relações quantitativos/prazo global). Admitia, ainda, a soma de três contratos, bem como a de atestados referidos a um mesmo período, sem limite de contratos.

O Presidente da República vetou essa alínea "b". Em face desse veto passou-se a indagar se podem ser exigidos requisitos relativos à capacitação técnico-operacional, ou seja, da *empresa*, ou se essa exigência conflita com a Lei 8.666/1993.

Entendi – e continuo entendendo, mesmo depois do novo veto presidencial, desta vez ao inciso II do § 1º do art. 30 do Projeto de Lei de Conversão 10/1994 – que não somente a Administração *pode* como, em concorrências e tomadas de preços, *deve* fazer tal exigência. Somente em convites lhe é facultado deixar de fazê-lo (§ 1º do art. 32).

Desenvolverei, a seguir, sinteticamente, o raciocínio jurídico que me levou – e continua a levar – a essa afirmação.

1. A norma legal tem significado "objetivo", sendo irrelevantes tanto a "vontade" do legislador quanto a do autor do veto. Diz Emilio Betti (*Interpretazione della Legge e degli Atti Giuridici*, 2ª ed., p. 280) que o moderno intérprete da lei deve, entre outras coisas, libertar-se do dogma da "vontade" legislativa. O que o legislador e o autor do veto "quiseram" é irrelevante para o intérprete, que deve analisar a lei tal como "posta", isto é, "objetivamente".

2. O § 1º do art. 30 é desdobramento do inciso II do mesmo artigo. O parágrafo veda exigências referentes a quantidades mínimas e prazos máximos. No entanto, tais exigências são admitidas no inciso, do qual o parágrafo é mero desdobramento.

3. As exigências referidas no inciso II do art. 30 dizem respeito à capacidade técnica *específica*. Por sua vez, o § 6º do mesmo artigo contempla exigências referentes à capacidade técnica *operativa*.

4. Se a única capacitação técnica exigível fosse a do profissional, o inciso II do art. 30 conflitaria com o § 1º do mesmo artigo, já que o inciso II admite exigências quanto a quantitativos mínimos e prazos máximos, e o § 1º as proíbe. A interpretação sistemática leva o intérprete a superar esse conflito – por definição, *aparente* – e harmonizar os dois comandos legais.

5. O único entendimento que permite harmonizar esses dois comandos é o de que a lei veio ao mundo jurídico, apesar do veto presidencial, com a previsão de exigência de uma capacitação técnica *diferente* da *capacitação técnico-profissional*. E essa capacitação somente pode ser a *técnico-operacional*, ou seja, *da empresa*. Assim, o § 1º do art. 30 refere-se *a uma das capacitações técnicas exigíveis*, qual seja, a *técnico-profissional*, enquanto o inciso II contempla *as duas capacitações técnicas exigíveis*, inclusive a *técnico-operacional*.

6. Esse entendimento é robustecido pela norma do art. 33, III, que admite o somatório de quantitativos de cada consorciado. E "consorciado", de acordo com esse dispositivo legal, não é o *profissional*, mas a *empresa*.

Concluindo:

A) A Administração tem o *dever* de exigir capacidade técnica da empresa licitante nas concorrências para concessão de serviço público precedida da execução de obra pública, especificamente voltada para as características e o vulto da obra a executar.

B) Os requisitos exigidos devem ser aqueles *indispensáveis* ao cumprimento das obrigações (art. 37, XXI, da CF). Esses requisitos devem ser exigidos, de acordo com o art. 30, II, da Lei 8.666/1993, para "comprovação de aptidão para desempenho de atividade pertinente e compatível em características, quantidades e prazos com o objeto da licitação" (capacidade técnica *específica*), bem como – quando cabível – indicação do aparelhamento e do pessoal técnico disponíveis (capacidade técnica *operativa*).

Vale notar que esse entendimento foi adotado pelo Tribunal de Contas da União em decisão de 9.8.1995 (*DOU* 28.8.1995, Seção I, p. 13.226). Essa posição tem sido reiterada pelo Tribunal de Contas da União em várias outras ocasiões.

9
JULGAMENTO DE PROPOSTAS

9.1 Lei 8.666/1993: 9.1.1 Tipos de licitação – 9.1.2 Licitação de menor preço – 9.1.3 Licitações de melhor técnica e de técnica e preço. 9.2 Lei 8.987/1995: 9.2.1 Tipos de licitação – 9.2.2 Fixação da tarifa – 9.2.3 Desclassificação de propostas – 9.2.4. Desempate.

Buscarei tratar desse assunto descrevendo os dois esquemas legais: o da Lei 8.666/1993 e o da Lei 8.987/1995, esta com as alterações introduzidas pela Lei 9.648/1998.

9.1 Lei 8.666/1993

9.1.1 Tipos de licitação

Na Lei 8.666/1993 estão previstos quatro tipos de licitação, em função do critério de julgamento: a) o de menor preço; b) o de melhor técnica; c) o de técnica e preço; e d) o de maior lance ou oferta. Deixo de lado este último, que se aplica especificamente a alienações, e abordarei os outros três.

9.1.2 Licitação de menor preço

A licitação de *menor preço* deveria, a rigor, ser denominada de licitação de *preço mais vantajoso*, ou de *melhor preço*. Essa impropriedade vem desde o Decreto-lei 200/1967, tendo sido repetida no Decreto-lei 2.300/1986 e na Lei 8.666/1993. A terminologia "menor preço" induz freqüentemente o intérprete e aplicador da lei a enfatizar o preço nominal, sem levar em conta outras variáveis, como condições de entrega, vantagens acessórias, prazo de garantia, fretes, seguros etc.

Um equívoco em que se incorre muito comumente é entender-se que a licitação de menor preço exclui a exigência de qualidade. O administrador que supervaloriza o critério de menor preço age, com freqüência, de maneira irresponsável. Se, por exemplo, adquire um bem pelo preço de 100, sabendo que esse bem não satisfará o padrão de qualidade exigível, podendo ter um rendimento deficiente e uma vida útil máxima de 6 meses, em vez de comprar um outro bem por 200, com o padrão de qualidade exigível, rendimento excelente e vida útil prevista de 2 anos, está fazendo uma compra altamente desvantajosa para a Administração e – mais – está aplicando inadequadamente a lei. É comum encontrar-se na Administração Pública, especialmente a partir da Lei 8.666/1993, a mentalidade de que o mais "barato" é sempre o mais vantajoso, independentemente da consideração de qualidade. Mais ainda: afirma-se que a lei assim o determina. São duas posições desprovidas de qualquer sustentação, não apenas econômica, mas também jurídica.

Uma outra distorção na licitação de menor preço é a ocorrência freqüente de "mergulhos". A licitante apresenta preço muito baixo, para ganhar a licitação, e depois de contratada busca elevar esse preço à base de pressão, ameaçando paralisar a obra, o serviço ou a fabricação do equipamento sob encomenda. Isso, é claro, nos contratos de *duração* (obras e serviços contínuos) ou de *execução diferida* (fabricação de equipamento sob encomenda), já que esse risco não ocorre nos contratos de *execução imediata* (compra de materiais e equipamentos de prateleira).

São freqüentes os casos de contratos paralisados ou rescindidos por inexeqüibilidade dos preços propostos na licitação. Nesses casos o prejuízo não é apenas o atraso na execução do contrato. A paralisação da fabricação, dos serviços ou das obras já é, por si só, um prejuízo considerável. Além do mais, a rescisão de um contrato de duração ou de execução diferida, e sua posterior retomada mediante licitação, acarreta quase certamente prejuízo financeiro irrecuperável para a Administração.

9.1.3 Licitações de melhor técnica e de técnica e preço

Como, em muitos casos, o menor preço oferece riscos, não correspondendo certamente ao melhor tipo de licitação, a Lei 8.666/1993 adotou outros dois tipos: o de *melhor técnica* e o de *técnica e preço*.

Esses dois tipos são utilizados, de acordo com a Lei 8.666/1993, para: a) serviços de natureza predominantemente intelectual, especialmente na elaboração de projetos, cálculos, fiscalização, supervisão e gerenciamento e de engenharia consultiva em geral (art. 46, *caput*); e b) excepcionalmente, para fornecimento de bens, execução de obras e prestação de serviços de grande vulto majoritariamente dependentes de tecnologia nitidamente sofisticada e de domínio restrito (§ 3º do art. 46).

A licitação de *técnica e preço* é também adotada, como regra, na contratação de bens e serviços de informática (§ 4º do art. 45 da mesma lei).

Na licitação de *melhor técnica* as propostas são classificadas em ordem crescente em função de critérios de avaliação técnica constantes do edital. Já mencionei, acima, que o critério de avaliação técnica é necessariamente subjetivo, pelo quê a Administração tem o dever de descrevê-lo no edital da maneira mais objetiva possível. Dizer mais do que isso não tem sentido.

Classificadas em ordem crescente as propostas técnicas aceitáveis, ou seja, aquelas que tenham atingido a "valorização mínima" estabelecida no edital, procede-se à abertura das propostas de preços de **todas** as licitantes cujas propostas tenham sido classificadas. Nesse ponto a lei afastou-se do esquema anterior, em que se abria a proposta de preços apenas da licitante cuja proposta tivesse sido classificada em primeiro lugar. E diz a lei (§ 1º, II, do art. 46) que se deverá negociar com a proponente melhor classificada "tendo como referência o limite representado pela proposta de menor preço entre os licitantes que obtiveram a valorização mínima". *Com isso, a lei inviabilizou, na prática, a licitação de melhor técnica.*

Suponha-se uma licitação que apresentou o seguinte quadro final:

Classificação Técnica	Empresa	Preço Proposto (R$)
1º lugar	A	1.000.000,00
2º lugar	B	1.200.000,00
3º lugar	C	800.000,00
4º lugar	D	850.000,00
5º lugar	E	500.000,00

JULGAMENTO DE PROPOSTAS

De acordo com a lei dever-se-á negociar com a classificada em primeiro lugar (empresa "A"), "tendo como referência o limite representado pela proposta de menor preço" (R$ 500.000,00). Suponha-se que a empresa "A" demonstre, fundamentadamente, que sua proposta de preços não pode ser reduzida, sob pena de perder a coerência com a técnica proposta, classificada em primeiro lugar, e que a redução importará tornar sua proposta inexeqüível. Qual administrador terá coragem de contratar a primeira classificada por um preço que é o dobro do menor ofertado?

Dir-se-á que a lei não obriga a contratar a primeira classificada por R$ 500.000,00, já que esse menor preço deverá ser tomado como mera "referência". Dir-se-á que os argumentos da licitante vencedora são inatacáveis. Dir-se-á que obrigar a licitante vencedora a reduzir seu preço para R$ 500.000,00 seria uma insensatez. Acentuar-se-á, enfim, que a licitação é de *melhor técnica*, e não de *menor preço*.

Concordo com tudo isso, mas se o administrador, em um caso como esse, me solicitasse opinião, seria forçado a aconselhá-lo a revogar a licitação.

Esse absurdo esquema implantado pela Lei 8.666/1993 inviabiliza, na prática, a realização de licitação de melhor técnica.

Na licitação de *técnica e preço* dá-se nota à proposta técnica e nota à proposta de preços. Ponderam-se as notas das duas propostas e chega-se a uma nota final. A vencedora será a que obtiver a maior nota final ponderada. Tudo, é claro, de acordo com critério explicitado no edital.

A legislação anterior não disciplinava, explicitamente, como se deveria realizar a licitação de técnica e preço. Na prática, eram adotados dois esquemas alternativos. O primeiro consistia em classificar as propostas técnicas como aceitáveis ou não, de acordo com critério estabelecido no edital. As propostas aceitas eram consideradas iguais. Passava-se, então, às propostas de preços, e ganhava a proponente que tivesse apresentado o menor preço. Esse era o esquema adotado na Administração direta e autárquica federal, por força do Decreto 30/1991. O segundo esquema correspondia ao hoje adotado pela Lei 8.666/1993, tal como acima descrito.

A Lei 8.666/1993, porém, não excluiu o primeiro desses esquemas. Apenas o que antes era *proposta técnica*, aceitável ou não, passou a ser *metodologia de execução*, também aceitável ou não. Dispõe o § 8º do art. 30 dessa lei: "§ 8º. No caso de obras, serviços e compras de grande vulto, de alta complexidade técnica, poderá a Administração exigir dos licitantes a metodologia de execução, cuja avaliação, para efeito de sua aceitação ou não, antecederá sempre à análise dos preços e será efetuada exclusivamente por critérios objetivos".

Coerentemente com o fato de que essa *metodologia de execução* não é passível de classificação, sendo simplesmente aceita ou não, a lei a incluiu na fase de habilitação, e não na de julgamento de propostas.

A *metodologia de execução* é uma concepção técnica do empreendimento e de como realizá-lo. Serve para que a Administração possa avaliar se a licitante domina o assunto, compreendendo bem as características técnicas e operacionais do empreendimento e os problemas a serem enfrentados.

Há quem esteja solicitando essa *metodologia de execução* em envelope separado do que contém os documentos exigidos para aferição da habilitação (ou qualificação) da licitante. Nada a opor. Mas a licitação, nesses casos, não se desdobra em três fases. Continua a abranger duas fases: a habilitação das licitantes e o julgamento das propostas. Não importa se a *metodologia de execução* vem ou não em envelope separado. Ela integra, sempre, a fase de habilitação.

Por outro lado, não se pode atribuir nota à *metodologia de execução* e nota à proposta de preços, e ponderá-las. Nesse caso estaremos diante de uma típica licitação de *técnica e preço*, que só cabe nas hipóteses acima mencionadas.

9.2 Lei 8.987/1995

9.2.1 Tipos de licitação

Nessa lei a disciplina do julgamento das propostas é diferente da contida na Lei 8.666/1993.

O art. 15, *caput*, da Lei 8.987/1995, com a redação dada pela Lei 9.648/1998, dispõe: "Art. 15. No julgamento da licitação será considerado um dos seguintes critérios: I – o menor valor da tarifa do serviço público a ser prestado; II – a maior oferta, nos casos de pagamento ao poder concedente pela outorga de concessão; III – a combinação dos critérios referidos nos incisos I, II e VII; IV – melhor proposta técnica, com preço fixado no edital; V – melhor proposta em razão da combinação dos critérios de menor valor da tarifa do serviço público a ser prestado com o de melhor técnica; VI – melhor proposta em razão da combinação dos critérios de maior oferta pela outorga da concessão com o de melhor técnica; ou VII – melhor oferta de pagamento pela outorga após qualificação de propostas técnicas".

São oito, portanto, os tipos de licitação em função do critério de julgamento: a) o de menor tarifa (inciso I); b) o de maior oferta (inciso II); c) o de menor tarifa combinada com maior oferta (inciso III); d) o de melhor técnica com preço (menor tarifa ou maior oferta) fixado no edital (inciso IV); e) o de menor tarifa combinada com melhor técnica (inciso V); f) o de maior oferta combinada com melhor técnica (inciso VI); g) o de menor tarifa combinada com maior oferta após classificação das propostas técnicas (inciso III, c/c o inciso VII); e h) o de maior oferta após classificação das propostas técnicas (inciso III, c/c o inciso VII).

Apesar da redação extremamente confusa, dá para entender que os critérios das alíneas "e" e "f" coincidem, em suas linhas gerais, com o de *técnica e preço*, previsto na Lei 8.666/1993. Que os critérios das alíneas "g" e "h" coincidem com um dos esquemas de *técnica e preço* adotados anteriormente à Lei 8.666/1993, tal como exposto no item anterior. E que o critério da alínea "d" é de *melhor técnica* com preço fixado no edital – e, portanto, sem os inconvenientes desse critério na Lei 8.666/1993.

Os critérios das alíneas "a" e "b" são, porém, os que têm sido adotados na prática. Assim, temos dois critérios usuais de julgamento: o de *menor tarifa* e o de *maior oferta*.

A adoção do critério de menor tarifa conduz a um modelo de concessão que se poderia chamar de "puro". O usuário paga à concessionária uma tarifa que corresponde ao que lhe é efetivamente prestado. Já na concessão de maior oferta o usuário, a rigor, paga à concessionária um *plus*, que reverte em benefício do poder concedente ou de terceiros. Se o valor pago pela concessionária ao poder concedente destinar-se à melhoria e conservação de rodovias não concedidas, como é o caso concreto de algumas concessões estaduais, o usuário da rodovia concedida estará subsidiando outros usuários, de outras rodovias. Isso não chega, a meu ver, a constituir uma ilegalidade ou inconstitucionalidade, mas certamente contraria a lógica intrínseca da concessão, que consiste em pagar o usuário pelo que efetivamente recebe, e exatamente no limite do que recebe.[1]

---

1. Penso que é nesse sentido que Maria Sylvia Zanella Di Pietro afirma que "a remuneração paga pelo usuário é uma idéia inerente ao instituto da concessão

9.2.2 Fixação da tarifa

A Lei 8.987/1995 dispõe, de maneira esdrúxula, em seu art. 9º, *caput*: "Art. 9º. A tarifa do serviço público concedido será fixada pelo preço da proposta vencedora da licitação e preservada pelas regras de revisão previstas nesta Lei, no edital e no contrato".

Essa norma é de difícil entendimento. Há duas hipóteses: a) *preço*, nesse art. 9º, é *preço público* – e, portanto, sinônimo de *tarifa*; ou b) *preço* é *preço semiprivado* ou *quase-privado*.

Ambas as hipóteses são absurdas. A norma precisa ser decodificada, à base da interpretação sistemática, para ser entendida.

Na licitação de *menor tarifa* a fixação inicial desta é efetuada pela proposta vencedora. Na licitação de *maior oferta* a tarifa inicial é estabelecida, pelo poder concedente, no edital. Assim, o art. 9º somente contemplou a primeira hipótese. Quanto à segunda – qual seja, a de licitação de *maior oferta* – a tarifa *não é* fixada pela proposta.

9.2.3 Desclassificação de propostas

Já mencionei que as propostas devem ser desclassificadas quando manifestamente inexeqüíveis ou financeiramente incompatíveis com os objetivos da licitação (§ 3º do art. 15 da Lei 8.987/1995). Supletivamente, deve ser aplicada à hipótese a norma do art. 48, II, da Lei 8.666/1993.

Outras duas hipóteses de desclassificação estão contidas no art. 17 e parágrafo único da Lei 8.987/1995:

"Art. 17. Considerar-se-á desclassificada a proposta que, para sua viabilização, necessite de vantagens ou subsídios que não estejam previamente autorizados em lei e à disposição de todos os concorrentes.

"Parágrafo único. Considerar-se-á, também, desclassificada a proposta de entidade estatal alheia à esfera político-administrativa do poder concedente que, para sua viabilização, necessite de vantagens ou subsídios do Poder Público controlador da referida entidade."

A hipótese contida no *caput* do artigo é, a rigor, de nulidade do edital. O que está proibido é o edital conter essa possibilidade de van-

---

em sua forma original, constituindo a própria razão de ser dessa forma de gestão do serviço público" (*Parcerias na Administração Pública*, 3ª ed., p. 102).

tagem ou subsídio não autorizada em lei. Se o edital não contiver a previsão da vantagem ou subsídio a desclassificação da proposta far-se-á por força de sua desconformidade com o instrumento convocatório.

Note-se que se a entidade estatal pertencer à esfera político-administrativa do poder concedente a vantagem ou subsídio deve ser autorizada por lei e estendida a todos os demais concorrentes. Se pertencer a outra esfera político-administrativa (exemplo: empresa estadual de saneamento que participa de licitação promovida pela Administração Municipal) é vedada a vantagem ou subsídio. Até porque não poderia haver extensão aos demais concorrentes.

9.2.4 Desempate

Em caso de empate, desempatar-se-á decidindo-se por sorteio (§ 2º do art. 45 da Lei 8.666/1993).

Vale notar que o § 4º do art. 15 da Lei 8.987/1995 dispõe que: "§ 4º. Em igualdade de condições, será dada preferência à proposta apresentada por empresa brasileira".

Posteriormente à Lei 8.987/1995, a Emenda Constitucional 6, de 15.8.1995, revogou o art. 171 da Constituição, que conceituava *empresa brasileira* e *empresa brasileira de capital nacional* e, em seu § 2º, dispunha: "§ 2º. Na aquisição de bens e serviços, o Poder Público dará tratamento preferencial, nos termos da lei, à empresa brasileira de capital nacional".

Tem sido entendido que as normas legais que privilegiavam empresa brasileira ou empresa brasileira de capital nacional não foram *recepcionadas* pela Constituição após esta Emenda, restando, assim, revogadas.

10

PRAZO DA CONCESSÃO E SUA PRORROGAÇÃO

10.1 Relação entre o prazo e a equação econômica do contrato de concessão. 10.2 Noção de "interesse público". 10.3 Prorrogação do prazo da concessão.

10.1 Relação entre o prazo e a equação econômica do contrato de concessão

O planejamento é, talvez, a etapa mais importante do processo de contratação da concessão de serviço público. A Administração deve, na etapa de planejamento, adotar alguns procedimentos prévios à licitação, indispensáveis à abertura desta. Um desses procedimentos, como se viu acima, é a elaboração de estudo de viabilidade econômico-financeira da concessão.

O prazo da concessão de serviço público não pode ser livremente estipulado. Ele deve resultar de sólidos estudos de viabilidade econômico-financeira. Deve ser estabelecido em função da equação econômica do contrato, que é composta de custos, mais lucro, mais amortização de investimentos, *menos* receitas alternativas e acessórias. O prazo da concessão não deve ser superior nem inferior ao necessário à amortização dos investimentos previstos, considerada a equação econômica do contrato em sua totalidade.

Em palestra no Instituto dos Advogados de Pernambuco, em abril de 2000,[1] procurei deixar clara esta idéia, representando graficamente a equação da seguinte maneira:

---

1. Essa palestra foi publicada na *Revista* do mesmo Instituto, v.1/33-51, 2000.

EQUAÇÃO ECONÔMICA DA CONCESSÃO

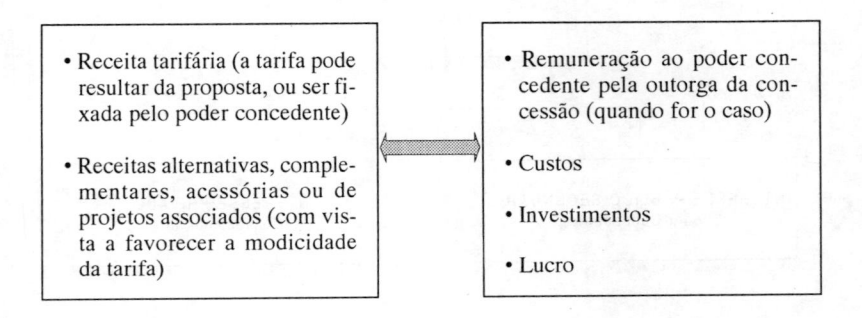

• Receita tarifária (a tarifa pode resultar da proposta, ou ser fixada pelo poder concedente) • Receitas alternativas, complementares, acessórias ou de projetos associados (com vista a favorecer a modicidade da tarifa)	• Remuneração ao poder concedente pela outorga da concessão (quando for o caso) • Custos • Investimentos • Lucro

A afirmação de que o prazo da concessão deve ser o indispensável à amortização dos investimentos previstos é complementada pela observação, que fiz na aludida palestra e em trabalhos anteriores, de que se deve "considerar a equação econômica inicial do contrato". Equação, essa, da qual faz parte a tarifa, que, de acordo com a lei, deve ser "módica". Não se trata de superdimensionar a amortização dos investimentos em detrimento do conjunto da equação econômica, mas sim de salientar que, *na prática*, nem sempre a fixação do prazo tem sido sustentada em um sólido embasamento econômico. O que, obviamente, causa preocupação, já que a fixação do prazo da concessão está intimamente ligada ao estabelecimento da equação econômica inicial do contrato, que pode, assim, nascer já desbalanceada.

A questão do prazo da concessão reforça a convicção de que o futuro das concessões que estão sendo outorgadas no país depende não apenas de um bom *project finance*, mas, igualmente, ou sobretudo, do cuidado que se tenha, desde já, com os aspectos jurídicos envolvidos.

10.2 Noção de "interesse público"

A este passo, cabe fazer algumas considerações sobre o conceito de *interesse público*.

A doutrina jurídica italiana costuma distinguir "interesse coletivo primário", da sociedade, e "interesse público secundário", da Administração – como secundário também é o interesse privado.

No contrato de concessão de serviço público essa noção pode ser assim representada:

```
        ┌─────────────────────────────┐
        │ INTERESSE COLETIVO PRIMÁRIO │
        │         (Usuários)          │
        └─────────────────────────────┘
                       │
            ┌──────────┴──────────┐
            │                     │
┌───────────────────────────┐  ┌──────────────────────┐
│ INTERESSE PÚBLICO SECUNDÁRIO│  │  INTERESSE PRIVADO   │
│     (Poder Concedente)    │  │   (Concessionária)   │
└───────────────────────────┘  └──────────────────────┘
```

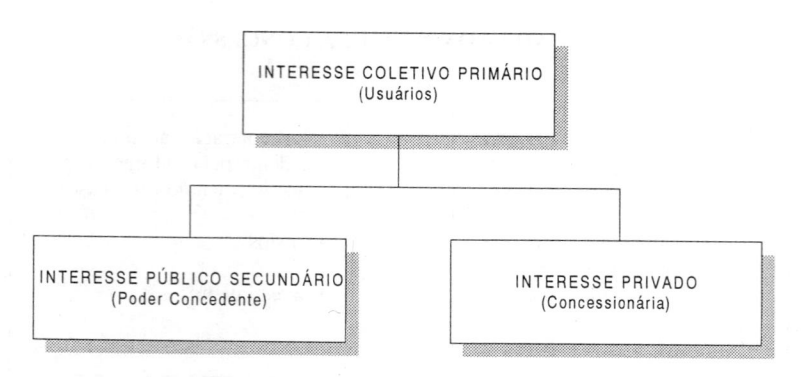

    A outorga da concessão tem por objetivo melhor atender ao "interesse coletivo primário" (dos usuários). O interesse do poder concedente, especialmente da Administração Pública, é *secundário*. O atendimento desse interesse *não é* o objetivo da transferência do exercício do serviço público para uma concessionária, cujo interesse também é *secundário*.

    A visão tipicamente financeira ou orçamentária do instituto da concessão de serviço público é distorcida e não leva em conta o objetivo a que ela se propõe.

    Repito uma afirmação de Héctor Escola, transcrita no "Prefácio" à 1ª edição deste livro: "Por isso, diz-se, com razão, que o grau de desenvolvimento e progresso de um país se mede pelo grau de organização e prestação de seus serviços públicos e a satisfação com que os usuários os utilizam".

    Seria absurdo que alguém afirmasse que o maior desenvolvimento e progresso de um país seriam inversamente proporcionais ao montante dos recursos utilizados pelo Poder Público na prestação dos serviços públicos.

10.3 *Prorrogação do prazo da concessão*

    O prazo da concessão pode ser prorrogado, desde que previsto no edital e no contrato (art. 23, XII, da Lei 8.987/1995). Mas não pode ser prorrogado arbitrariamente.

    Para melhor entendimento desse ponto, que considero de extraordinária relevância, transcrevo cláusulas contidas na minuta de um contrato de concessão de serviço público anexa ao edital de uma licitação de grande vulto e complexidade:

"Cláusula Segunda – **Da duração da concessão.** A presente Concessão terá duração de 30 anos, contados a partir da publicação do presente contrato, nos termos da Cláusula Vigésima.

"Cláusula Terceira – **Da prorrogação do contrato.** Em havendo interesse manifesto de ambas as partes, o presente contrato poderá ser prorrogado até o limite máximo total de 30 anos, a exclusivo critério do Concedente."

Note-se que seria juridicamente inadmissível que o contrato estabelecesse a prorrogação do prazo *por mais 30 anos*. Correto é dizer-se *no máximo por 30 anos*, se bem que uma prorrogação por 30 anos parece-me, em princípio, demasiada.

Suponho que o prazo de 30 anos tenha resultado de sólidos estudos econômico-financeiros. Ao final desse prazo poder-se-á estar diante de duas hipóteses: a) os investimentos efetuados no curso da execução do contrato estarão totalmente amortizados; ou b) haverá parcela dos investimentos ainda a amortizar.

Na primeira hipótese a concessão não poderá, pelo menos em princípio, ser prorrogada. Na segunda a concessão poderá ser prorrogada pelo prazo necessário à amortização da parcela dos investimentos ainda não amortizada, ou declarada extinta com base nos arts. 35 e 36 da Lei 8.987/1995, mediante pagamento de indenização (v., adiante, o Capítulo 12, sobre "Extinção da Concessão").

Excepcionalmente, em determinados casos, a concessão poderá ser prorrogada na primeira hipótese, tendo em vista "exigência de continuidade na prestação do serviço", como prevê a lei paulista (Lei 7.835/1992) no parágrafo único do art. 10. No mesmo sentido o art. 99 da Lei federal 9.472/1997 (Lei Geral de Telecomunicações). *Nesse caso dever-se-á rever a tarifa, para expurgar a parcela correspondente à amortização do investimento já efetuada.*

Em princípio, porém, na primeira hipótese a concessão deve ser considerada extinta e o exercício do serviço voltar ao poder concedente ou, a critério deste, ser transferido para uma nova concessionária, mediante licitação realizada em obediência ao art. 175 da Constituição.

A doutrina não tem sido favorável à prorrogação da concessão. Marçal Justen Filho, por exemplo, escreve:

"Enfim, a prorrogação do contrato produz efeitos similares a uma contratação direta. Se, encerrado o prazo contratual, houver manutenção do antigo contratado, o novo contrato pode ser enfocado como uma contratação autônoma, realizada sem licitação.

"Além de frustrar a possibilidade de outros particulares disputarem o contrato, a prorrogação inviabiliza a constatação objetiva da vantagem do Estado. É impossível negar que a realização de nova licitação poderia conduzir a uma proposta mais vantajosa. Então, a prorrogação do contrato é incompatível com o princípio da indisponibilidade do interesse público, tanto quanto com o princípio da isonomia" (*Concessões de Serviços Públicos*, p. 270).

Acrescenta que ela é, "em última análise, um estímulo à imoralidade", mas a admite "em situações excepcionais, sujeitas a pressupostos objetivamente estabelecidos" (p. 271).

Maria Sylvia Zanella Di Pietro diz que "a prorrogação somente se justifica em situações excepcionais" (*Parcerias na Administração Pública*, 3ª ed., p. 109). Diz, mais: "De outro modo, a prestação do serviço poderá ficar indefinidamente nas mãos da mesma empresa, burlando realmente o princípio da licitação".

Por sua vez, Eurico de Andrade Azevedo e Maria Lúcia Mazzei de Alencar observam que "(...) a prorrogação quase automática das concessões ainda é um resquício da influência das poderosas empresas estatais, antigas concessionárias dos principais serviços públicos em nosso país" (*Concessão de Serviços Públicos*, pp. 101-102).

11
REAJUSTE E REVISÃO DE TARIFAS

11.1 Contratos de obras, serviços contínuos e compra e venda de bens para entrega futura: 11.1.1 Conceito de "reajuste de preços" – 11.1.2 Conceito de "revisão de preços". 11.2 Contrato de concessão de serviço público.

Desdobrarei este capítulo em duas partes. A primeira sobre a distinção entre reajuste e revisão de preços nos contratos administrativos de obras, serviços contínuos e compra e venda de bens para entrega futura. A segunda sobre a distinção entre *reajuste* e *revisão* de tarifas nos contratos de concessão de serviço público.

11.1 Contratos de obras, serviços contínuos e compra e venda de bens para entrega futura

11.1.1 Conceito de "reajuste de preços"

São conceitos juridicamente distintos: a) *reajuste de preços*; e b) *revisão de preços*.

Ao celebrar um contrato de execução de obra, prestação de serviços ou compra e venda de bens para entrega futura as partes podem estabelecer, ou não, cláusula de *reajuste de preços*. É óbvio que em economias altamente inflacionárias tal cláusula é indispensável, salvo se o prazo de execução for extremamente curto. Mesmo em uma economia com inflação baixa, porém, ela é necessária, embora a periodicidade de sua aplicação possa ser maior (atualmente é de um ano, a contar da data-limite para apresentação da proposta ou a do orçamento a que esta se referir).

Qualquer que seja a modalidade adotada, a cláusula de reajuste tem por *função* evitar que o contrato venha a ter, na fase de execução, sua equação econômica rompida – ruptura, essa, decorrente de elevação dos custos.

Três aspectos relevantes devem ser acentuados em relação a esse conceito: a) partindo da premissa de que a contratação, pelo Poder Público, consoante se viu acima, constitui um processo, do qual são etapas o planejamento, a licitação, a celebração do contrato e a execução do objeto contratual, verifica-se que a questão do reajuste se coloca na etapa de *planejamento*, em que se escolhe a cláusula que se considere melhor refletir a realidade do contrato e que, por isso, é incluída no edital da licitação; b) a cláusula de reajuste diz respeito à equação *econômica* do contrato, e não à sua equação *financeira*; e c) a adoção de uma cláusula de reajuste, por melhor que seja sua escolha, não passa de uma tentativa de se preservar a equação econômica do contrato – tentativa, essa, que pode falhar, mesmo em economias de inflação baixa.

11.1.2 Conceito de "revisão de preços"

Conceito distinto é o de *revisão de preços*.

A revisão de preços tem por *função* restabelecer o equilíbrio econômico ou financeiro do contrato, contenha este ou não cláusula de reajuste.

Acentue-se: a) enquanto a *cláusula de reajuste* se insere na etapa de planejamento da contratação, a *revisão* se coloca na etapa de execução do objeto contratual; e b) a revisão de preços tanto pode dizer respeito à equação *econômica* quanto à *financeira*.

A revisão diz respeito à equação econômica do contrato quando, por exemplo, nele se insere, na etapa de execução, uma cláusula de reajuste de preços não estabelecida no início. Ou se altera a fórmula, ou os índices adotados. Ou, ainda, quando se reavaliam as ponderações.

A revisão diz respeito à equação financeira do contrato quando, por exemplo, se revê o cálculo das despesas financeiras previstas no BDI (Benefício e Despesas Indiretas).

A cláusula de reajuste tem, portanto, caráter *prospectivo*. A revisão opera-se no presente, mas a partir de uma visão *retrospectiva*.

À medida que o contrato vai sendo executado e o desbalanceamento ocorrendo, vão surgindo as percepções, a partir das quais se estabelecem tratativas com vista à revisão do preço. O momento em que surge o direito à revisão é o momento em que se verifica o desbalanceamento. O ato formal de reconhecimento desse direito tem caráter *declaratório*. O fato gerador quase sempre já ocorreu.

Se o contrato não tem cláusula de reajuste de preços, ou a cláusula nele contida revela-se em desacordo com a realidade, pode caracterizar-se o poder ou mesmo o dever da Administração de: a) incluir no contrato uma cláusula de reajuste; ou b) rever a cláusula existente.

Em ambas as hipóteses trata-se de *revisão*, com vista a restabelecer o equilíbrio *econômico* do contrato.

A revisão, quer da equação econômica, quer da financeira do contrato, pode decorrer de: a) alteração unilateral do contrato pela Administração; b) "fato do príncipe"; ou c) fato superveniente e imprevisível que enseje a aplicação da teoria da imprevisão.

Um dos princípios aplicáveis ao contrato administrativo é o da *mutabilidade*. Gaspar Ariño Ortiz diz que: "Acima dos interesses particulares – puramente pecuniários – das partes, se impõe o interesse geral, que constitui o fim primário do contrato" (*Teoría del Equivalente Económico en los Contratos Administrativos*, p. 223).

Para melhor atingir esse fim primário (imutável), a Administração pode unilateralmente modificar o contrato (mutabilidade dos meios). "O princípio da mutabilidade do contrato não é, no fundo, senão a presença, na relação contratual, de aspectos regulamentares" (ob. cit., p. 228). E acrescenta Gaspar Ariño Ortiz: "O princípio do equivalente econômico vem a ser assim o contraponto necessário, na ordem financeira, a uma situação de flexibilidade contratual no objeto e conteúdo das prestações" (p. 242).

É o princípio do equivalente econômico que determina a revisão do preço contratual.

O "fato do príncipe", também relacionado com o princípio do equivalente econômico, decorre de atuação estatal alheia à relação contratual (exemplos: aumento de tributos, congelamento de preços decorrente da adoção de planos econômicos etc.). São intervenções estatais de tipo geral, não referidas diretamente ao contrato, "porém que supõem uma mudança nas condições externas – econômicas, fiscais, sociais – de execução deste" (Ariño Ortiz, ob. cit., p. 263).

A terceira causa da revisão é a ocorrência de fato superveniente e imprevisível que enseje a aplicação da teoria da imprevisão.

No Direito Romano prevalecia o princípio *pacta sunt servanda*, que levava ao respeito integral e *imodificável* da vontade das partes, declarada no contrato. No Direito Canônico passou a prevalecer o reconhecimento da existência, *implícita*, nos contratos da cláusula *rebus sic stantibus*, que conduzia à adaptação da vontade das partes a novas condições subjacentes ao contrato. Essa cláusula estava assim expressa: *Contractus qui habent tractum sucessivum et dependentiam de futuro, rebus sic stantibus intelliguntur.*

O princípio da cláusula *rebus sic stantibus*, antes de ser jurídico, já era conhecido e proclamado pelos moralistas, dentre os quais Santo Tomaz de Aquino, na *Suma Teológica*. É relevante tal observação: antes de ser *jurídico*, o princípio correspondeu a uma exigência *moral*.

Durante muito tempo, porém, se resistiu à codificação da cláusula *rebus sic stantibus*. Não só – como acentua Oreste Cagnasso, em monografia específica sobre a superveniência no contrato de empreitada (*Appalto e Sopravvenienza Contrattuale*, p. 2) – pelo respeito ao princípio da imutabilidade da vontade (*pacta sunt servanda*), como também em conseqüência de exigências práticas (como a necessidade de certeza nas relações jurídicas).

Mesmo com a edição, na França, do Código Napoleão, a tese prevalente foi a da imutabilidade da vontade das partes (art. 1.793). A realidade sócio-econômica, porém, levou o Conselho de Estado Francês a consagrar a teoria da imprevisão. Fundamentalmente, como acentua Cagnasso (ob. cit., p. 15), porque: a) o art. 1.793 do Código referia-se à construção de edifícios, enquanto a jurisprudência administrativa tinha que se pronunciar sobre construção de ferrovias e trabalhos de escavação de galerias, obras de muito maior grau de complexidade e, portanto, de maior grau de imprevisibilidade; e b) "o interesse perseguido pelo ente público dono da obra não é somente, como é óbvio, o financeiro (não-modificação do preço estabelecido), mas também e sobretudo o de *execução da obra*: a impossibilidade *econômica* do empreiteiro de executar a obra, com a conseqüente suspensão ou interrupção dos trabalhos, pode ser de grave prejuízo ao interesse público na realização da obra".

Acrescenta Cagnasso: "Mediante interpretação do contrato e a *reconstrução da vontade das partes*, o Conselho de Estado sustentava que, no caso de onerosidade ou dificuldade na execução, imprevista e imprevisível, fosse admissível a revisão do preço tratando-se de álea extracontratual e como tal estranha à vontade das partes" (ob. cit., p. 17 – grifos meus).

Os numerosos estudos dedicados à teoria da imprevisão buscavam resolver o problema do reequilíbrio econômico ou financeiro do contrato, segundo Cagnasso (ob. cit., p. 18), de várias maneiras. Ora fazendo referência à força maior (em acepção lata), ou erro sobre a substância, ou *enriquecimento sem causa*, ora recorrendo a princípios gerais, como o abuso de direito, a boa-fé, ou à cláusula *rebus sic stantibus*.

Resumindo: rompida a equação econômica ou financeira inicial do contrato, deve ela ser restabelecida "mediante interpretação do contrato e a *reconstrução da vontade das partes*".

11.2 Contrato de concessão de serviço público

De acordo com a Lei 8.987/1995, o edital deve conter os critérios de *reajuste* e *revisão* da tarifa (art. 18, VIII).

A revisão da tarifa tem o objetivo de manter o equilíbrio econômico-financeiro da concessão (§ 2º do art. 9º). Por outro lado, também a criação, alteração ou extinção de quaisquer tributos ou encargos legais ("fatos do príncipe"), "ressalvados os impostos sobre a renda", implicarão a revisão da tarifa, para mais ou para menos, conforme o caso (§ 3º do art. 9º). Mais ainda: o equilíbrio econômico-financeiro inicial do contrato deverá ser restabelecido pelo poder concedente quando houver alteração unilateral do contrato ("fato da Administração", previsto no § 4º do mesmo art. 9º).

O esquema da Lei 8.987/1995 é diferente do aplicável aos contratos administrativos em geral.

Em primeiro lugar, a revisão pode resultar não apenas de fato superveniente e imprevisível, tal como acima exposto, mas também de aplicação de cláusula contratual. Em segundo lugar, o conceito de revisão da tarifa nos contratos de concessão de serviço público não coincide exatamente com o aplicável aos preços em contratos administrativos de obras, serviços contínuos e compra e venda de bens para entrega futura.

Nestes contratos o preço é fixado com referência a uma determinada data e formado com base na avaliação de custos mais lucro. É reajustável, durante a execução do contrato, mediante utilização de índices setoriais, isolados ou componentes de uma chamada fórmula paramétrica, que reflitam a variação dos custos. O reajuste é, assim, tal como foi exposto acima, um mecanismo de atualização do preço.

Nos contratos de concessão de serviço público, precedida ou não da execução de obra pública, a situação é, em regra, diferente. A tarifa destina-se não apenas a cobrir custos mais lucro, mas também a amortizar investimentos efetuados, geralmente de grande vulto. E esses investimentos devem ser amortizados ao longo do prazo da concessão.

O reajuste nesses contratos não tem por função atualizar a tarifa apenas para cobrir custos e lucro, já que a parcela relativa à amortização do investimento efetuado não constitui custo da prestação do serviço. Assim, a tarifa tem que ser reajustada com base na variação de um *índice geral*, que não reflete a variação dos preços dos insumos necessários à prestação do serviço e serve também para corrigir a parcela relativa à amortização do investimento.[1]

Mais ainda: no caso de existirem receitas alternativas, complementares ou acessórias, ou de projetos associados, tal como previsto no art. 11 da Lei 8.987/1995, a equação econômica da relação contratual se torna bem mais complexa. A tarifa deve refletir a composição "custos mais lucro mais amortização de investimentos *menos* receitas alternativas, complementares ou acessórias ou de projetos associados". E essas receitas podem variar significativamente durante o prazo da concessão, variando, sobretudo, a ponderação de sua participação na formação da tarifa.

Ora, se esse é o esquema econômico dos contratos de concessão de serviço público, a revisão, nesses contratos, assume especial relevância. Sua função não é apenas retificar desequilíbrios verificados pelo descompasso entre o preço reajustado e a realidade. Sua função é, também, retificar eventual descompasso resultante da aplicação de um índice geral para reajustar custos e a relação destes com as receitas alternativas.

Nesse sentido é que me parece deva ser entendido comentário incluído em documento intitulado *Concessões de Serviços Públicos no Brasil*, distribuído, em abril de 1995, pela Presidência da República,

---

1. Nesse sentido, escreve Adriano Murgel Branco (ob. cit., p. 279): "Jean-François Auby, em *La délégation de service public*, chama a atenção para o fato de que nenhum indexador tarifário, embora necessário, pode ser adequado por mais de três anos, sendo indispensável a sua revisão periódica. No Brasil já estamos reconhecendo isso nos reajustes tarifários com base no IGPM".

no capítulo relativo à nova lei: "A partir de agora, adotar-se-á o critério do preço definido em contrato. Na revisão das tarifas é que se considerará a evolução dos custos das concessionárias" (p. 21).

Se os custos da prestação do serviço pela concessionária se elevarem substancialmente, eles não serão, pelo menos de imediato, cobertos mediante *reajuste*, já que o índice constante do contrato não refletirá adequadamente a variação dos preços dos insumos. A cobertura desses custos somente se poderá verificar mediante *revisão*, que, nesse esquema, *deverá ser periódica*. A concessionária será, portanto, estimulada a atuar com eficiência e produtividade.

Parece-me que foi isso que se quis dizer no referido documento da Presidência da República quando nele se afirmou: "(...) no que se refere à política tarifária para as novas concessões, será abandonada a regra de tarifação que garante uma remuneração fixa calculada com base nos custos totais incorridos – o que incentivava a ineficiência das empresas" (p. 21).

Saliente-se que a previsão, no contrato, de revisão periódica não é facultativa, e sim obrigatória. Se bem que o § 2º do art. 9º da Lei 8.987/1995 disponha que "os contratos *poderão* prever mecanismos de revisão das tarifas, a fim de manter-se o equilíbrio econômico-financeiro" (grifei), o art. 18, VIII, da mesma lei determina que o edital *conterá* "os critérios de reajuste e revisão da tarifa". Assim como também o art. 23, IV, diz que uma das cláusulas essenciais do contrato de concessão é a relativa "ao preço do serviço e aos critérios e procedimentos para o reajuste e a revisão das tarifas". De qualquer maneira, mesmo que se entendesse não ser obrigatória a previsão contratual da revisão periódica, ela seria conveniente.

Por outro lado, embora a Lei 8.987/1995, em seu art. 18, VI, disponha que o edital deve conter "as possíveis fontes de receitas alternativas, complementares ou acessórias, bem como as provenientes de projetos associados", é impossível prever, desde já, essas receitas, que se desdobrarão em prazos de 15, 20 ou 30 anos. A revisão periódica, prevista no contrato, terá por função, inclusive – ou sobretudo –, ajustar a equação econômica da concessão à realidade, podendo levar, freqüentemente, à *redução* da tarifa, já que tais receitas são admissíveis para efeito de "favorecer a modicidade das tarifas" (art. 11 da Lei 8.987/1995).

A revisão far-se-á, portanto, mediante critérios desde já fixados no edital, e poderá resultar em uma tarifa maior ou menor, conforme o caso.

Sintetizando, pode-se dizer que nos contratos de concessão, além do *reajuste*, há dois tipos de *revisão* de tarifas. Um, contemplado no contrato. O outro decorrente da aplicação do princípio do equivalente econômico. Assim:

Revisão de tarifa	• Prevista no contrato (periódica)	
	• Independente de previsão contratual	• Alteração unilateral do contrato
		• "Fato do príncipe"
		• Teoria da imprevisão

Quanto ao art. 10 da Lei 8.987/1995 – que dispõe: "Sempre que forem atendidas as condições do contrato, considera-se mantido seu equilíbrio financeiro" –, é um dispositivo sem sentido. Não há como entendê-lo, já que o desequilíbrio econômico-financeiro do contrato pode ocorrer apesar da previsão de uma cláusula de revisão, tal como acima exposto. E em qualquer hipótese o desequilíbrio deve ser corrigido.

Carlos Maximiliano escreve: "Bem avisados, os norte-americanos formulam a regra de Hermenêutica nestes termos: 'deve-se atribuir, *quando for possível*', algum efeito a toda palavra, cláusula ou sentença" (*Hermenêutica e Aplicação do Direito*, 16ª ed., p. 251).

Não consigo atribuir efeito, ou "sentido", a esse dispositivo legal.[2]

O aforismo, que nos vem do Direito Romano, de que "não se presumem na lei palavras inúteis" é enganoso. Os textos de lei contêm, muitas vezes, palavras inúteis. Esse aforismo está ligado a uma época em que se dava total ênfase à interpretação *literal* dos textos legais. Essa época já passou. As normas jurídicas devem ser interpretadas sobretudo à luz da noção de *sistema*, e tendo em vista sua *finalidade*.[3]

2. Eurico de Andrade Azevedo e Maria Lúcia Mazzei de Alencar (*Concessão de Serviços Públicos*, p. 46) reconhecem que a redação do art. 10 da Lei 8.987/1995 não foi feliz e que "faltou ao dispositivo o vocábulo *inicial*". Os autores terminam por admitir, porém, que mesmo assim o texto estaria dizendo algo que não poderia ser diferente – ou seja, em minhas palavras, estaria dizendo o óbvio. Vale dizer: continuaria inútil.

3. O consagrado jurista italiano Francesco Ferrara escrevia, em 1921, em seu *Trattato di Diritto Civile Italiano*: "A lei, porém, não se identifica com a *letra* da lei (...). Só nos sistemas jurídicos primitivos a *letra* da lei era decisiva, tendo um valor místico e sacramental" (v. I, p. 205).

É o mesmo Carlos Maximiliano que menciona o uso inútil de palavras na lei quando alude à frase, contida nas leis em geral, "revogam-se as disposições em contrário". Diz ele: "(...) uso inútil; superfetação, desperdício de palavras, desnecessário acréscimo" (*Hermenêutica e Aplicação do Direito*, 16ª ed., p. 357).

Uma última consideração é sobre as conseqüências da não-homologação do *reajuste* pelo poder concedente na data prevista no contrato.

De acordo com o art. 29, V, da Lei 8.987/1995, incumbe ao poder concedente "homologar reajustes e proceder à revisão das tarifas na forma desta Lei, das normas pertinentes e do contrato". Diferentemente dos contratos de obras, serviços e compra de bens para entrega futura, em que o reajuste dos preços contratuais se opera pela simples aplicação de cláusula contratual, no contrato de concessão de serviço público o reajuste depende de homologação pelo poder concedente. Este poderá, em certas situações, deixar de homologar o reajuste. Por exemplo: se entender que a tarifa, reajustada de acordo com o disposto no contrato, ficará acima do poder aquisitivo dos usuários. Isso, evidentemente, caracterizará um "fato da Administração", ou seja, uma alteração unilateral do contrato, que é juridicamente possível por força do princípio da *mutabilidade* do contrato administrativo.

Dessa alteração, porém, decorrerá o dever de o poder concedente reequilibrar a equação econômica do contrato. Tal reequilíbrio não poderá, obviamente, ser efetuado mediante *revisão da tarifa*. Se o *reajuste* for socialmente inconveniente, a *revisão* também o será. Caberá ao poder concedente, portanto, *indenizar* a concessionária pela perda de receita decorrente da alteração contratual.

Ressalte-se que *indenização* não é *subsídio*. *Subsídio* seria compensar prejuízos da concessionária decorrentes, por exemplo, de queda de receita, fato contido nitidamente na *álea ordinária* do negócio. Mas a não-homologação do reajuste constitui alteração unilateral do contrato pelo poder concedente, o que configura sempre *álea extraordinária*, ensejando o pagamento da respectiva compensação financeira – no caso, o pagamento de *indenização*.

> Quando penso sobre o absurdo da interpretação literal lembro-me de um caso referido por Jean Cruet, ao escrever, em 1908, *A Vida do Direito e a Inutilidade das Leis*. Conta ele (p. 183) que se citava na Inglaterra uma anedota simbólica: a de um homem que, tendo furtado dois carneiros, foi absolvido, porque só era punível o furto de "um carneiro".

12
EXTINÇÃO DA CONCESSÃO

12.1 Modalidades de extinção. 12.2 Advento do termo contratual. 12.3 Encampação. 12.4 Caducidade. 12.5 Rescisão. 12.6 Anulação. 12.7 Falência ou extinção da concessionária. 12.8 Rescisão amigável.

12.1 Modalidades de extinção

São modalidades de extinção da concessão de serviço público (arts. 35 e ss. da Lei 8.987/1995): a) advento do termo contratual; b) encampação; c) caducidade; d) rescisão; e) anulação; f) falência ou extinção da concessionária.

12.2 Advento do termo contratual

Encerrado o prazo contratual, extingue-se a concessão, que é um contrato *por prazo*, e não *por objeto*.

Em princípio, por ocasião do término do prazo contratual todos os investimentos já terão sido amortizados ou depreciados. Foi exposto acima, no capítulo referente ao prazo da concessão, que este deverá ser determinado em função da amortização dos investimentos a serem efetuados. O poder concedente não estabelece um prazo a seu exclusivo arbítrio. *Prazo de concessão* e *equação econômica do contrato* devem estar intimamente relacionados. Assim, extinto o prazo da concessão não deverá existir nada mais a indenizar.

O prazo contratual, porém, é dimensionado em função de uma previsão inicial dos investimentos necessários. Em um contrato de longa duração, como costuma ser o contrato de concessão, novos e imprevistos investimentos são efetuados durante sua execução, inclusive no final da concessão, a fim de, como diz a lei (art. 36), "garantir a continuidade e atualidade do serviço concedido". Esses investimentos, cuja necessidade se evidencia com freqüência na segunda metade do prazo da concessão, podem ser insuscetíveis de amortização no prazo estabelecido inicialmente. Se não for garantido à concessionária o retorno da totalidade dos investimentos efetuados, ela não os fará, com isso prejudicando os legítimos interesses dos usuários.

O poder concedente, portanto, deverá optar entre a prorrogação do prazo – se isso for previsto no contrato – e a indenização. Se não garantir à concessionária adequada compensação, o serviço concedido será afetado no que se refere à sua "continuidade e atualidade". Verificar-se-á, fatalmente, na fase final da execução do contrato, um comprometimento do "serviço adequado", tal como definido no art. 6º da Lei 8.987/1995.

A lei (art. 36) prevê o pagamento de "indenização das parcelas dos investimentos vinculados a bens reversíveis". *Bens reversíveis* são aqueles diretamente vinculados à concessão. Só interessam à concessionária enquanto concessionária, ou seja, não têm utilidade para ela a partir do momento em que cessa a concessão, podendo, porém, ser de proveito para o poder concedente ou para uma nova concessionária.

Vale notar que a lei dispõe sobre o pagamento de indenização. Mas não diz como e quando esse pagamento deverá ser efetuado. Deixa implícito que, no caso de advento do termo contratual, o pagamento deverá ser feito após a extinção (§ 2º do art. 35), mas silencia totalmente quanto à forma. Deverá ser em dinheiro ou poderá ser em títulos da dívida pública? O pagamento far-se-á em uma única parcela? Essas são questões relevantes, a serem resolvidas na devida ocasião, ou por uma nova lei a ser editada.

É verdade que o art. 23, XI, dispõe que é cláusula essencial do contrato de concessão a relativa: "XI – aos critérios para o cálculo e a forma de pagamento das indenizações devidas à concessionária, quando for o caso".

À primeira vista, essa norma pode ser interpretada como autorizando as partes a estabelecer como e quando a indenização pela extinção da concessão deve ser paga. Por exemplo, se deve ser paga em dinheiro ou pode ser paga em títulos da dívida pública; se deve ser paga de uma só vez ou em parcelas.

Essa matéria é, porém, tipicamente de reserva legal. Se as partes pudessem livremente dispor quanto ao assunto, poder-se-ia ter disciplinas diversas para contratos análogos, celebrados, até, pelo mesmo poder concedente.

O parágrafo único do art. 175 da Constituição determina que a lei disporá sobre: "I – o regime das empresas concessionárias e permissionárias de serviços públicos, o caráter especial de seu contrato e de sua prorrogação, bem como as condições de caducidade, fiscalização e rescisão da concessão ou permissão".

Parece-me evidente que o termo "caducidade" na Constituição não coincide com a *caducidade* prevista em lei. "Caducidade" na Constituição deve ser entendida como o gênero "extinção", e não uma de suas espécies. A disciplina da extinção da concessão, portanto, é atribuída pela Constituição à lei. As partes – poder concedente e concessionária – não podem ir contra a lei, nem além dela.

Por outro lado, a atividade administrativa está submetida ao *princípio da legalidade*. Em Direito Privado o que prevalece é a *licitude* dos contratos, baseados na autonomia da vontade. *O que não é proibido é permitido*. Em Direito Público prevalece a *legalidade* dos contratos. *O que não é permitido é proibido*.

12.3 Encampação

Encampação é "a retomada do serviço pelo poder concedente durante o prazo da concessão, por motivo de interesse público, mediante lei autorizativa específica e após prévio pagamento da indenização" (art. 37).

O interesse público motivador da encampação deve ser especificado. Não bastará alegar-se, repetindo a lei, "motivo de interesse público". Será necessário dizer qual, especificamente em cada caso, o motivo de interesse público determinante da encampação.

A indenização deverá ser *prévia*, mas a lei silencia, novamente, quanto à forma do pagamento. No caso de *encampação* é possível estabelecer-se uma analogia com a *desapropriação* e sustentar que, tal como nesta (art. 5º, XXIV, da CF), a indenização, em caso de encampação, deverá ser *em dinheiro*.

12.4 Caducidade

A lei prevê a declaração de caducidade da concessão nos seguintes casos de inexecução total ou parcial do contrato (§ 1º do art. 38):

"§ 1º. A caducidade da concessão poderá ser declarada pelo poder concedente quando: I – o serviço estiver sendo prestado de forma inadequada ou deficiente, tendo por base as normas, critérios, indicadores e parâmetros definidores da qualidade do serviço; II – a concessionária descumprir cláusulas contratuais ou disposições legais ou regulamentares concernentes à concessão; III – a concessionária paralisar o serviço ou concorrer para tanto, ressalvadas as hipóteses decorrentes de caso fortuito ou força maior; IV – a concessionária perder as condições econômicas, técnicas ou operacionais para manter a adequada prestação do serviço concedido; V – a concessionária não cumprir as penalidades impostas por infrações, nos devidos prazos; VI – a concessionária não atender a intimação do poder concedente no sentido de regularizar a prestação do serviço; e VII – a concessionária for condenada em sentença transitada em julgado por sonegação de tributos, inclusive contribuições sociais".

A caducidade poderá ser declarada, ainda, no caso de transferência da concessão, ou do controle societário da concessionária, sem prévia anuência do poder concedente (art. 38, c/c o art. 27 da Lei 8.987/1995).

Antes de declarar a caducidade o poder concedente deverá (§ 3º do art. 38): a) comunicar à concessionária, detalhadamente, quais os descumprimentos contratuais dentre os referidos no § 1º do art. 38; e b) dar-lhe um prazo para corrigir as falhas e transgressões apontadas.

Se a situação não for regularizada no prazo estabelecido abrir-se-á processo administrativo, assegurado à concessionária o direito de ampla defesa (§ 2º do art. 38).

A caducidade (§§ 4º e 5º do art. 38) (a) deverá ser declarada por decreto, não dependendo de autorização legislativa, como a encampação, e (b) a indenização deverá ser calculada no decurso do processo administrativo e será paga posteriormente, descontado o valor das multas contratuais e dos danos causados pela concessionária.

Novamente a lei silencia quanto à forma e condições do pagamento da indenização.

Embora a lei não o diga, é provável que a declaração da caducidade venha a ser precedida, pelo menos na maioria dos casos, de *intervenção*, nos termos dos arts. 32 a 34 da Lei 8.987/1995, "com o fim de assegurar a adequação na prestação do serviço". A intervenção far-se-á também por decreto, independendo de lei autorizativa.

12.5 Rescisão

A rescisão corresponde ao reverso da caducidade. Enquanto esta é declarada pelo poder concedente por inexecução total ou parcial do contrato pela concessionária, a rescisão é de iniciativa da concessionária, no caso de descumprimento do contrato pelo poder concedente (art. 39).

Para rescindir a concessão a concessionária deverá ingressar em juízo mediante ação especialmente intentada para esse fim. Distingue-se, também nesse aspecto, da caducidade, porque esta independe de ação judicial. E independe de ação judicial por força da *auto-executoriedade* dos atos administrativos.

Até decisão judicial transitada em julgado a concessionária não poderá interromper ou paralisar os serviços por ela prestados (parágrafo único do art. 39). Isso por força do *princípio da continuidade* que rege o contrato administrativo, especialmente o de concessão de serviço público.

Entendo que a concessionária não só estará proibida de interromper ou paralisar os serviços, como também continuará obrigada à prestação de "serviço adequado". Se não o fizer poderá reverter a situação, sujeitando-se à declaração de caducidade.

Na hipótese de rescisão a lei não determina o pagamento de indenização. Parece-me evidente, porém, que se a indenização é devida nas modalidades de *extinção por advento do termo contratual*, *encampação* e *caducidade*, com maior razão deverá ser paga na hipótese de *rescisão*, em que o inadimplemento do poder concedente é que dá causa à possibilidade de extinção da concessão.

Entendo, ainda, que a decisão judicial deverá determinar o valor da indenização, bem como a forma e as condições de seu pagamento. Mais ainda: poderá determinar o pagamento dos *lucros cessantes*, com base no Código Civil Brasileiro (arts. 1.059 do Código atual e 402 do novo Código, que deverá entrar em vigor em janeiro de 2003).

12.6 Anulação

Há quem sustente que a anulação não é modalidade de extinção da concessão. Essa afirmação resulta da concepção de que existe a chamada *nulidade de pleno direito*. O contrato nulo não geraria efeitos, como se jamais tivesse existido.

Em meu entender a anulação é *constitutiva*. Não existe a chamada "nulidade de pleno direito". Antes de ser *anulada* a norma jurídica – lei, contrato ou ato administrativo – é válida (nesse sentido, v. meu *Ato Administrativo, Licitações e Contratos Administrativos*, 1ª ed., 2ª tir., pp. 51 e ss.).

Assim, a anulação é extintiva do contrato de concessão de serviço público, estando certa a lei ao elencá-la como modalidade de extinção.

12.7 Falência ou extinção da concessionária

Ao perder, a concessionária, sua capacidade jurídica ou econômico-financeira, a concessão se extingue.

Nesse sentido, aliás, vale lembrar a norma do art. 55, XIII, da Lei 8.666/1993, que me parece aplicável ao contrato de concessão de serviço público, e que obriga a contratada a manter, durante toda a execução do contrato, as condições de habilitação e qualificação exigidas na licitação.

12.8 Rescisão amigável

Em princípio, não vejo impedimento à rescisão amigável, embora não prevista em lei.

Parece-me que o poder concedente deve tomar certas precauções: a) exigir uma motivação aceitável para o pedido de rescisão por parte da concessionária; b) verificar se é possível transferir para a nova concessionária o dever de indenizar a anterior; e c) realizar licitação para a nova concessão e efetivá-la antes de rescindir a concessão anterior, a fim de assegurar a continuidade da prestação do serviço.

É possível, porém, que o dever de tomar essas precauções inviabilize, na prática, a rescisão amigável. Não convém esquecer que nessa hipótese, como em outras, há sempre a possibilidade de transferência do controle societário da concessionária, que pode alcançar, por outro meio, o mesmo objetivo visado pela proposta de *rescisão amigável*.

Síntese

O seguinte quadro sintetiza o exposto neste capítulo:

Modalidade de extinção	Motivo	Instrumento	Conseqüência
1. Advento do termo contratual	Decurso do prazo	Termo de encerramento da concessão	Indenização referente aos investimentos vinculados a bens reversíveis e ainda não amortizados ou depreciados
2. Encampação	Interesse público	Ato administrativo resultante de lei autorizativa específica	Indenização prévia
3. Caducidade	Inexecução total ou parcial do contrato pela concessionária	Decreto (independentemente de lei autorizativa e precedido de processo administrativo com direito de ampla defesa)	Indenização, descontando-se o valor das multas contratuais aplicadas e dos danos causados pela concessionária
4. Rescisão	Descumprimento de obrigações contratuais pelo poder concedente	Ação judicial proposta pela concessionária especialmente para esse fim	Indenização referente aos investimentos não amortizados e danos causados pelo poder concedente e, dependendo da decisão judicial, lucros cessantes
5. Anulação	Ilegalidade do contrato	Ato administrativo ou decisão judicial	A ser verificada em cada caso concreto
6. Falência ou extinção da concessionária	Desaparecimento de capacidade jurídica e/ou econômico-financeira da concessionária	Termo de rescisão ou de encerramento	A ser determinada em função da legislação específica

13

DISCIPLINA LEGAL DAS CONCESSÕES EXISTENTES NA DATA DO INÍCIO DA VIGÊNCIA DA LEI 8.987/1995

As concessões existentes em 13.2.1995, data do início da vigência da Lei 8.987, podem ser agrupadas do seguinte modo:

a) concessões anteriores à Constituição de 1988; ou

b) concessões posteriores à Constituição de 1988.

Ou, de acordo com outra classificação:

a) concessões outorgadas mediante licitação prévia; ou

b) concessões outorgadas sem licitação.

Mais ainda, de acordo com uma terceira classificação:

a) concessões com prazo em vigor; ou

b) concessões com prazo vencido ou em vigor por prazo indeterminado.

Combinando essas classificações, as concessões podem ser assim agrupadas:

a) concessões outorgadas antes da Constituição de 1988, com prazo em vigor;

b) concessões outorgadas antes da Constituição de 1988, com prazo vencido ou em vigor por prazo indeterminado;

c) concessões outorgadas depois da Constituição de 1988, precedidas de licitação e com prazo em vigor;

d) concessões outorgadas depois da Constituição de 1988, precedidas de licitação e com prazo vencido ou por prazo indeterminado;

e) concessões outorgadas depois da Constituição de 1988, sem licitação.

Quais as conseqüências que a Lei 8.989/1995 atribuiu a cada uma dessas concessões? Foram as seguintes:

a) as concessões elencadas nas alíneas "a" e "c", acima, permaneceram válidas pelo prazo fixado, devendo o poder concedente proceder a nova licitação no vencimento desse prazo (art. 42 e § 1º);

b) as concessões elencadas nas alíneas "b" e "d", acima, permaneceram válidas "pelo prazo necessário à realização dos levantamentos e avaliações indispensáveis à organização das licitações que precederão a outorga das concessões que as substituirão, prazo esse que não será inferior a 24 meses" (§ 2º do art. 42); e

c) as concessões outorgadas depois da Constituição de 1988, sem licitação (alínea "e", acima), foram extintas (art. 43).

Ficaram extintas, também, as concessões outorgadas sem licitação anteriormente à vigência da Constituição de 1988 cujas obras e serviços não tivessem sido iniciados ou se encontrassem paralisados (parágrafo único do art. 43).

Esse esquema é complicado, mas tem uma certa lógica.

A Lei 8.987/1995: a) respeitou as concessões com prazo em vigor; b) extinguiu as concessões outorgadas sem licitação após a Constituição de 1988, com inobservância, portanto, do art. 175 da nova Constituição; e c) extinguiu as concessões que, embora anteriores à Constituição de 1988, foram outorgadas sem licitação e cujas obras ou serviços não haviam sido iniciados, ou seja, não tinham tido ainda *eficácia fática*.

A lei só não foi lógica ao estabelecer o prazo *mínimo* de 24 meses para realização de novas licitações nos casos de concessão em vigor com prazo vencido ou por prazo determinado. Mais ilógico ainda foi o veto presidencial ao projeto de lei que, alterando o § 2º do art. 42 da Lei 8.987/1995, estabelecia, a par do prazo *mínimo* de 24 meses, o prazo *máximo* de 60 meses.

É óbvio que uma licitação para concessão não pode ser realizada de afogadilho. Mas seria de esperar que a lei desse, nesses casos, um prazo *máximo* adequado para a regularização das situações. O que não tem lógica é esse prazo *mínimo*, tal como constante da lei.

Independentemente do teor literal da norma legal (§ 2º do art. 42), entendo que o agente público não recebeu uma autorização legal para tornar *perpétuas* as concessões vigentes em 13.2.1995 (data em que entrou em vigor a Lei 8.987/1995), com prazo vencido ou por prazo indeterminado. Ele tem o dever jurídico, em face do art. 175 da Constituição, de regularizar a situação *no menor prazo possível*, mediante realização de licitação para nova concessão.

Síntese

O seguinte quadro sintetiza o exposto neste capítulo:

CONCESSÕES EXISTENTES EM 13.2.1995
(início da vigência da Lei 8.987/1995)

Data da outorga	Licitação prévia	Prazo	Conseqüência
Anteriores à Constituição/ 1988	• Com licitação	• Com prazo em vigor	Permanecem válidas pelo prazo fixado, devendo o poder concedente proceder a nova licitação no vencimento desse prazo
		• Com prazo vencido ou indeterminado	Permanecem válidas, devendo o poder concedente efetuar licitações no prazo *mínimo* de 24 meses
	• Sem licitação	• Com prazo em vigor	Permanecem válidas pelo prazo fixado, devendo o poder concedente proceder a nova licitação no vencimento desse prazo
		• Com prazo vencido ou indeterminado	Permanecem válidas, devendo o poder concedente efetuar licitações no prazo *mínimo* de 24 meses

Data da outorga	Licitação prévia	Prazo	Conseqüência
Anteriores à Constituição/ 1988	• Sem licitação	• Com prazo em vigor, vencido ou indeterminado, com obras e serviços ainda não iniciados, ou paralisados	Foram extintas
Posteriores à Constituição/ 1988	• Com licitação	• Com prazo em vigor	Permanecem válidas pelo prazo fixado, devendo o poder concedente proceder a nova licitação no vencimento desse prazo
		• Com prazo vencido ou indeterminado	Permanecem válidas, devendo o poder concedente efetuar licitações no prazo *mínimo* de 24 meses
	• Sem licitação	• Com prazo em vigor	Foram extintas
		• Com prazo vencido ou indeterminado	Foram extintas

APÊNDICE

I – Distinção entre "usuário de serviço público" e "consumidor". II – Concessão de serviço público: validade de leis estaduais ou municipais que estipulam isenção de tarifa. III – Formação de consórcio. Escolha de parceiro por empresa estadual. Desnecessidade de licitação. IV – Utilização de faixa de domínio, em rodovias concedidas, por outras concessionárias de serviço público.

Este *Apêndice* contém dois estudos e dois pareceres, publicados em revistas de Direito Público. Como neles abordo noções de caráter geral, que me parecem de acentuada relevância, decidi reuni-los neste volume

Os estudos sobre "Distinção entre 'usuário de serviço público' e 'consumidor'" e "Concessão de serviço público: validade de leis estaduais ou municipais que estipulam isenção de tarifa" bem como o parecer sobre "Formação de consórcio – Escolha de parceiro por empresa estadual – Desnecessidade de licitação" foram publicados na revista eletrônica *Diálogo Jurídico* 13, 5 e 12, respectivamente de abril/maio de 2002, agosto de 2001 e março de 2002 (*www.direitopublico.com.br*). O parecer sobre "Utilização de faixas de domínio, em rodovias concedidas, por outras concessionárias de serviço público" foi publicado na revista *Interesse Público* 9, de janeiro/março de 2001.

I

DISTINÇÃO ENTRE
"USUÁRIO DE SERVIÇO PÚBLICO"
E "CONSUMIDOR"

A concessão de serviço público é um contrato administrativo. Os contratos administrativos, antes de serem *administrativos*, são *contratos*. A eles se aplicam, portanto, noções da *teoria geral dos contratos*, que têm sido mais desenvolvidas, por motivos históricos, pela doutrina jurídica civilista, e não pela administrativista. Nesse sentido, pode dizer-se que é com acerto que a Lei 8.666/1993, em seu art. 54, dispõe que aos contratos administrativos por ela disciplinados aplicam-se os princípios da teoria geral dos contratos e as disposições de Direito Privado.[1]

Discípulo de Hans Kelsen, Norberto Bobbio, Herbert Hart e Alf Ross, especialmente dos dois primeiros, entendo que o Direito é o sistema de normas jurídicas postas em uma determinada comunidade. Nesse sentido, vale lembrar a afirmação lapidar do jurista alemão Norbert Hoerster, em ensaio sob o título *Em Defesa do Positivismo Jurídico*, de que a expressão "Direito Positivo" é pleonástica. Todo Direito é Positivo. As considerações aqui expostas, portanto, têm como base o Direito Brasileiro, interpretado à luz da teoria geral dos contratos.

A partir dessa concepção, parece-me que se está incorrendo em um equívoco generalizado quando se afirma que o *usuário de serviço*

---

1. A Lei 8.666/1993 (Estatuto das Licitações e Contratos Administrativos) aplica-se a obras, serviços, compras, alienações, concessões, permissões e locações da Administração Pública (art. 2º). Particularmente em relação às concessões e permissões de serviço público ela se aplica naquilo que não conflite com a legislação específica (art. 124). Essa legislação específica é constituída, basicamente, pelas Leis 8.987/1995 e 9.074/1995.

público é um *consumidor*. Considerar-se o usuário como consumidor do serviço público a ele prestado pela concessionária talvez seja possível sob a ótica *econômica*. Mas sob a ótica *jurídica* o usuário de serviço público e o consumidor estão em situações distintas. Uma coisa é a relação jurídica de serviço público. Outra, a de consumo. Tentarei sustentar, em breve síntese, esta opinião.

Diversamente da situação de consumo, a relação contratual entre concessionária e usuário, mediante a qual uma parte se obriga a prestar um serviço, recebendo em pagamento um preço público (tarifa), tem como pressuposto uma outra, entre a concessionária e o poder concedente. Em situações semelhantes a essa a doutrina civilista italiana aponta a existência de dois contratos *coligados*, um *principal*, o outro *acessório*.

Essa noção é desenvolvida, entre outros, por Alberto Trabucchi (*Istituzioni di Diritto Civile*, 32ª ed., Pádua, CEDAM, 1991, p. 598); Francesco Messineo (*Dottrina Generale del Contratto*, 3ª ed., Milão, Giuffrè, 1952, pp. 231 e 252); e Walter d'Avanzo (*Istituzioni di Diritto Civile*, Roma, Orientamenti, 1945/1946, p. 272).

Para Messineo, por exemplo, há relação de acessoriedade quando um contrato "*depende* logicamente e *juridicamente* de um outro, como de uma premissa indispensável". Diz ele que "o contrato acessório segue a sorte do principal (...) especialmente com respeito à nulidade, à possibilidade de resolução e a outros efeitos similares (...)" (ob. cit., p. 252). Por sua vez, entre nós, Orlando Gomes (*Contratos*, 12ª ed., Rio de Janeiro, Forense, 1987, pp. 112-113) escreve que a dependência pode ser recíproca ou não. Na união com dependência *unilateral* um só dos contratos depende do outro, permanecendo, porém, os contratos individualizados. Dizendo que seria mais correto qualificar os contratos que dependem da existência de outros como *contratos dependentes*, Orlando Gomes (ob. cit., p. 84) ressalva que "o uso consagrou a expressão *contratos acessórios*". O eminente jurista baiano adotava a orientação de Messineo, a ele se referindo exatamente na obra e página (p. 252) acima citadas.

Por força do contrato *principal* – o de concessão – a concessionária obriga-se a prestar, ao usuário, "serviço adequado", definido pela Lei 8.987/1995 (art. 6º) como "o que satisfaz as condições de regularidade, continuidade, eficiência, segurança, atualidade, generalidade, cortesia na sua prestação e modicidade das tarifas". Na hipótese de descumprimento do contrato de concessão a concessionária está sujeita, conforme o caso: a) à aplicação de penalidades regulamentares e contratuais, inclusive multas; b) à intervenção na prestação de serviços; c) à extinção da concessão (caducidade).

A relação jurídica entre concessionária e usuário não pode ser equiparada à existente entre duas pessoas privadas, que atuam na defesa de seus interesses específicos. O serviço público, cujo *exercício* é atribuído à concessionária, continua na *titularidade* e sob a responsabilidade do poder concedente. Perante a relação de consumo, diversamente, o Poder Público atua como "protetor" da parte considerada hipossuficiente, que, em regra, é o consumidor.

A distinção conceitual entre *usuário de serviço público* e *consumidor* pode ser graficamente exposta nos seguintes termos:

A) RELAÇÃO DE SERVIÇO PÚBLICO

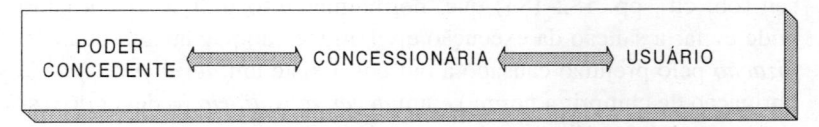

```
PODER CONCEDENTE  <==>  CONCESSIONÁRIA  <==>  USUÁRIO
```

A concessionária é *obrigada* a prestar o serviço cujo *exercício* lhe foi atribuído, mas o poder concedente continua com o *dever* constitucional de prestá-lo, embora escolha a opção de fazê-lo indiretamente sob regime de concessão ou permissão, como lhe é autorizado pelo art. 175 da Constituição. O inadimplemento pela concessionária gera sua *responsabilidade* perante o usuário, mas também *responsável* é, solidariamente, o poder concedente, na medida em que mantém a *titularidade* do serviço concedido.

B) RELAÇÃO DE CONSUMO

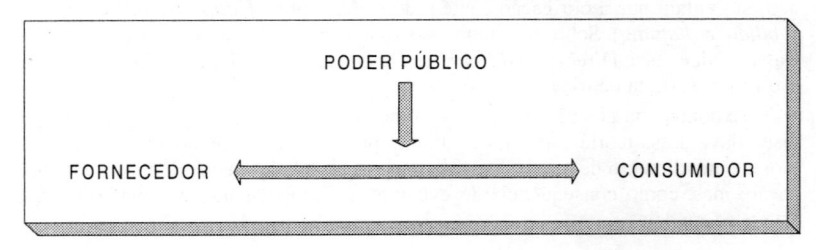

```
            PODER PÚBLICO
                 ↓
FORNECEDOR  <==========>  CONSUMIDOR
```

O fornecedor é *obrigado* a prestar o serviço ao consumidor. O der Público tem o *dever* de regular a relação contratual entre eles, protegendo a parte considerada mais fraca. O inadimplemento pelo fornecedor gera sua *responsabilidade* perante o consumidor. O Poder Público *não é responsável* pelo cumprimento das obrigações pelo fornecedor.

Hans Kelsen (*Teoria Pura do Direito*, 6ª ed., trad. portuguesa, Coimbra, Arménio Amado, 1984, pp. 171 e ss.) distingue "dever jurídico" e "responsabilidade". Diz ele (p. 177) que "um indivíduo é juridicamente obrigado a uma determinada conduta quando uma oposta conduta sua é tornada pressuposto de um acto coercitivo (como sanção)".

Se esse indivíduo não se conduz de acordo com a norma, a sanção, conforme o caso, pode ser dirigida a ele ou a um outro indivíduo "que se encontre com aquele numa relação determinada pela ordem jurídica". No primeiro caso "o indivíduo obrigado e o indivíduo responsável são uma e a mesma pessoa". No segundo caso, não. Escreve Kelsen (ob. cit., pp. 182-183) que, normalmente, o indivíduo obrigado pode evitar a sanção da execução civil através do pagamento de *indenização* pelo prejuízo causado a outrem. Existe um *dever principal* (a obrigação de cumprir a norma) e um *dever subsidiário* (o dever de ressarcir os prejuízos ilicitamente causados). Reside aí a distinção entre *obrigação* (o dever principal) e *responsabilidade* (o dever de ressarcir os prejuízos, ou seja, o dever de indenizar).[2]

Expostas essas noções, penso que fica clara a distinção entre a relação de *consumo* e a de *serviço público*. O fornecedor e a concessionária têm *obrigações* perante o consumidor e o usuário, respectivamente. O descumprimento dessas obrigações acarreta sua *responsabilidade*. Mas no caso da concessionária o ordenamento jurídico atribui essa responsabilidade também ao Poder Público (concedente), o que não ocorre quando o fornecedor não cumpre suas obrigações.

---

2. Muitos dos mais categorizados juristas (Brinz, Amira, Pacchioni, Messineo) sustentam que a obrigação contém dois elementos: *débito* (*schuld*) e *responsabilidade* (*haftung*). Sobre o assunto discorreu, com a habitual precisão, José Paulo Cavalcanti, em seu *Direito Civil (Escritos Diversos)*, Rio de Janeiro, Forense, 1983, pp. 142 e ss. (nota de rodapé 72).
   Expondo sua posição pessoal, o eminente e saudoso civilista pernambucano discordava dessa teoria e afirmava (ob. cit., pp. 146-147): "De nossa parte, adotamos o entendimento de que a chamada 'responsabilidade' não é elemento da obrigação, mas, como conseqüência do eventual descumprimento, alguma coisa que está por fora dela".

Ressalte-se que o tratamento dado ao usuário de serviço público pela Constituição e pela lei é diverso do dispensado ao consumidor. A Constituição trata dos dois assuntos em dispositivos diferentes: a concessão, basicamente, no art. 175; a proteção ao consumidor, nos arts. 5º, XXXII, e 170, V.

Já o art. 27 da Emenda Constitucional 19/1998 determinou que o Congresso Nacional deverá elaborar "lei de defesa do usuário de serviços públicos". Isso equivale ao reconhecimento implícito de que essa defesa é juridicamente diversa da "defesa do consumidor", já regulada pela Lei 8.078/1990. Saliente-se que essa lei devia ter sido elaborada pelo Congresso Nacional no prazo de 120 dias, a partir de junho de 1998. Até hoje não o foi.

Há vários projetos de lei tramitando no Congresso Nacional. Alguns determinam – a meu ver, equivocadamente – a aplicação subsidiária das normas da Lei 8.078 à defesa do usuário de serviço público. Penso que isso servirá para perpetuar a confusão atual entre as duas relações jurídicas, a de serviço público e a de consumo. Cabe ao Congresso, que já aprovou em 1990 o Código de Defesa do Consumidor, aprovar agora um outro código, diferente daquele, qual seja, o *Código de Defesa do Usuário de Serviço Público*.

Para o Poder Público a defesa do usuário de serviço público é ainda mais relevante do que a defesa do consumidor. O pressuposto básico do instituto da concessão de serviço público no Direito Brasileiro é a prestação de "serviço adequado". O princípio da *indisponibilidade do interesse público*, a que se refere Celso Antônio Bandeira de Mello em diversos escritos, impede que o poder concedente concorde com qualquer solução que prejudique essa prestação, por mínimo que seja o prejuízo, o que não ocorre na relação de consumo, em que os interesses envolvidos são *privados*. Por exemplo: o ordenamento jurídico não admite que o usuário concorde com a prestação de "serviço inadequado" sob a condição de que a concessionária reduza a tarifa. Já o consumidor pode exigir abatimento do preço caso o serviço prestado pelo fornecedor não seja satisfatório.

Disso tudo se conclui que a defesa do usuário de serviço público não é atribuição dos órgãos de defesa do consumidor, e sim da respectiva agência reguladora, cujo desafio é organizar-se adequadamente para isso. Como a lei prevista no art. 27 da Emenda Constitucional 19 até hoje não foi aprovada pelo Congresso Nacional, o usuário de serviço público tem tido sua defesa baseada em uma lei (Lei 8.078) que claramente não se aplica à relação de *serviço público*, e sim à de *consumo*, conceitualmente diversa daquela.

Nada impede, porém, que a agência reguladora mantenha convênio com esses órgãos de defesa do consumidor, para que também participem da defesa do usuário de serviço público. É essencial, porém, que exista um *Código de Defesa do Usuário de Serviço Público*, que sirva de base jurídica para essa atuação.

Por outro lado, faz-se necessário que a agência reguladora seja independente, quer em relação à concessionária, quer ao poder concedente. Muitas vezes o interesse do usuário conflita não apenas com o da concessionária, mas também com o do poder concedente enquanto aparelho estatal. O exercício da função pública tem como objetivo a satisfação do interesse da sociedade, ou de segmento desta. Ou seja: o que a doutrina jurídica italiana, a partir de uma perspectiva liberal e democrática, chama de "interesse coletivo primário", que predomina sobre os demais interesses secundários, quer o interesse do aparelho estatal ("interesse público secundário"), quer o das pessoas privadas.[3] Nesse sentido, deve-se ter sempre em mente que o objetivo da concessão de serviço público é a satisfação do interesse do usuário e que o papel principal das agências reguladoras deve ser o de defender esse interesse, quer perante a concessionária, quer perante o poder concedente. Como recorda o jurista argentino Héctor Escola, "diz-se, com razão, que o grau de desenvolvimento e progresso de um país se mede pelo grau de organização e prestação de seus serviços públicos e a satisfação com que os usuários os utilizam". A prestação de "serviço adequado", controlada por agências reguladoras fortes e independentes, é indispensável para que esse objetivo seja alcançado.

---

3. Essa noção reflete a distinção, bastante antiga, efetuada pela Filosofia e pela Ciência Política, entre o interesse da sociedade e o do Estado. A expressão "interesse coletivo primário" é atribuída, na doutrina jurídica italiana, a Francesco Carnelutti e foi levada para o Direito Administrativo por Renato Alessi (*Principi di Diritto Amministrativo*, v. I, Milão, Giuffrè, 1974, pp. 226 e ss.). Segundo Alessi a função pública, inclusive a função administrativa, é exercida com vista ao atendimento desse interesse, que se situa em posição de supremacia perante o "interesse público secundário", do aparelho estatal, assim como perante o interesse privado, também secundário. Entre nós a noção é exposta sobretudo por Celso Antônio Bandeira de Mello (*Curso de Direito Administrativo*, 12ª ed., São Paulo, Malheiros Editores, 2000, pp. 66 e ss.).

II

CONCESSÃO DE SERVIÇO PÚBLICO: VALIDADE DE LEIS ESTADUAIS OU MUNICIPAIS QUE ESTIPULAM ISENÇÃO DE TARIFA

1. Introdução. 2. O conceito de "lei nacional". 3. Validade e eficácia jurídica das normas legais. 4. Síntese. 5. A concessão de serviço público no Direito Brasileiro. 6. O equilíbrio econômico-financeiro da concessão. 7. Conclusão.

1. Introdução

Leis estaduais ou municipais que estipulam isenção de tarifa, ou outro benefício tarifário, sem previsão de fontes alternativas de receita que preservem o equilíbrio econômico-financeiro da concessão conflitam com o art. 35 da Lei 9.074/1995.

Procurarei, a seguir, fundamentar esta opinião.

2. O conceito de "lei nacional"

É conhecida a concepção de Hans Kelsen (*Teoria Geral do Direito e do Estado*, trad. para o Português, São Paulo, Martins Fontes, 1998, pp. 433 e ss.) a respeito da existência, em determinados Direitos Positivos, de ordens jurídicas parciais coexistindo com a ordem jurídica global, ou total.

A partir da noção de que o Estado é uma ordem jurídica, cuja validade compreende quatro esferas – quais sejam, a temporal, a espacial, a pessoal e a material –, Kelsen desenvolve os conceitos de centralização e descentralização jurídica, tanto estática quanto dinâmica.

Escreve ele (ob. cit., p. 434):

"As normas locais válidas para uma mesma parte do território formam uma ordem jurídica parcial ou local. Elas constituem uma comunidade jurídica parcial ou local. O enunciado de que o Estado é descentralizado ou de que o território do Estado é dividido em subdivisões territoriais significa que a ordem jurídica nacional contém não apenas normas centrais, mas também normas locais. As diferentes esferas territoriais de validade das ordens locais são as subdivisões territoriais.

"As normas centrais da ordem jurídica total, ou nacional, também formam uma ordem parcial, ou seja, a ordem jurídica central. Elas também constituem uma comunidade jurídica parcial, ou seja, a comunidade jurídica central. A ordem jurídica central que constitui a comunidade jurídica central forma, juntamente com as ordens jurídicas locais que constituem as comunidades jurídicas locais, a ordem jurídica total ou nacional que constitui a comunidade jurídica total, o Estado. Tanto a comunidade central quanto as comunidades locais são membros da comunidade total."

Acentuando que o Direito Positivo conhece apenas a centralização e a descentralização parciais (ob. cit., p. 437), Kelsen refere-se ao Estado Federal dizendo (pp. 451-452): "A ordem jurídica de um Estado Federal compõe-se de normas centrais válidas para o seu território inteiro e de normas locais válidas apenas para porções desse território, para os territórios dos 'Estados componentes (ou membros)'. As normas gerais centrais, as 'leis federais', são criadas por um órgão legislativo central, a legislatura da 'Federação', enquanto as normas gerais locais são criadas por órgãos legislativos locais, as legislaturas dos Estados componentes. Isso pressupõe que, no Estado Federal, a esfera material de validade da ordem jurídica, ou, em outras palavras, a competência legislativa do Estado, está dividida entre uma autoridade central e várias autoridades locais".

O Direito Brasileiro está construído de acordo com esse modelo. O Congresso Nacional produz leis que tanto podem ser *federais*, aplicáveis, no dizer de Kelsen, apenas à "comunidade jurídica central", quanto *nacionais*, aplicáveis à "comunidade jurídica total".

A lei é *federal* quando se aplica à organização, funcionamento e relações jurídicas da União, enquanto pessoa jurídica de direito público interno. A lei é *nacional* quando se aplica, indistintamente, à União, Estados-Membros, Municípios e Distrito Federal.

Essa dupla função do Congresso Nacional harmoniza-se com a maneira pela qual é ele estruturado. Ainda de acordo com o modelo kelseniano (ob. cit., p. 454), o Estado Federal: "(...) tem duas Casas: os membros de uma são eleitos diretamente por todo o povo do Estado Federal; trata-se da chamada Casa dos Representantes, ou Câmara dos Deputados, e também Casa Popular. A segunda Câmara é composta de indivíduos escolhidos pelo povo ou pelo órgão legislativo de cada Estado. Eles são considerados representantes desses Estados componentes. Esta segunda Câmara tem o nome de Casa dos Estados ou Senado. Corresponde ao tipo ideal do Estado Federal que os Estados componentes sejam igualmente representados na Casa dos Estados, ou Senado, que cada Estado componente, independentemente do seu tamanho, isto é, sem se levar em conta a extensão do seu território ou o número dos seus habitantes, envie o mesmo número de representantes à Casa dos Estados, ao Senado".

Vale dizer: a Câmara dos Deputados é constituída de representantes da ordem jurídica global, total, nacional, enquanto o Senado representa as ordens jurídicas parciais, regionais.

As leis estaduais, municipais e do Distrito Federal não podem conflitar com as leis nacionais, embora estas não sejam hierarquicamente superiores, já que o fundamento da validade de todas elas se contém na Constituição, quer diretamente na Constituição Federal, quer indiretamente, através das Constituições ou leis orgânicas regionais ou locais. Nesse sentido, já há algum tempo escrevia Geraldo Ataliba ("Normas gerais de Direito Financeiro e Tributário e autonomia dos Estados e Municípios", in *RDP* 10/49-50):

"Leis federais são aquelas que podem ser editadas, no campo próprio, pela União. Da mesma forma nos respectivos campos, são leis estaduais e municipais as editadas por Estados e Municípios, cada qual na própria esfera de competência. Quer dizer: abaixo da lei nacional – se figurarmos um quadro de representação espacial do sistema engendrado pela nossa Constituição – estão, no mesmo nível, equiparadas, as leis próprias das diversas pessoas públicas políticas.

"Tal situação lógica, referida com o termo 'abaixo', não quer dizer, absolutamente 'subordinada' ou vinculada – que nenhuma hierarquia entre elas se estabelece em razão das posições que respectivamente ocupam nesse quadro.

"A diversidade de objetos ou de formas de expressão dos órgãos legislativos respectivos não autoriza supor qualquer hierarquia, mas sim organização que lhes atribui e reconhece, como privativos, campos diversos."

Se o conteúdo da lei é de caráter *nacional*, as leis estaduais, municipais e do Distrito Federal não podem com ela conflitar, não porque estejam em escalão inferior, mas porque estariam invadindo um campo próprio reservado pela Constituição Federal às leis nacionais. Nem mesmo uma lei *federal* pode conflitar com uma lei *nacional*, se bem que nessa hipótese, sendo um só o órgão legislativo competente, nada impediria que a lei nacional anterior fosse substituída por uma nova lei nacional, observadas as normas constitucionais que regem o processo legislativo.

3. Validade e eficácia jurídica das normas legais

Uma norma legal é *válida* quando tem seu texto publicado no órgão oficial. Com isso, a norma passa a *existir*. Norma válida é norma existente.

É conhecida a distinção kelseniana entre *validade* e *eficácia*. A norma jurídica é o *sentido objetivo* do ato de vontade que a põe. Seu conteúdo é um *dever-ser*. Ou, melhor: a norma é um *dever-ser*.

A conduta humana contida na norma pode realizar-se ou não. Ela interessa à Ciência Jurídica enquanto abstratamente prevista na norma. Verificar se essa conduta se realiza ou não é tarefa da Sociologia Jurídica. A norma – bem como a conduta nela prevista – é um *dever-ser*. A realização ou não da conduta é um *ser*. O *fato* não se contém na *norma*.

Ensina Kelsen que a *eficácia*, ou seja, a realização fática da conduta humana contida na norma, distingue-se, portanto, de sua *validade*. A norma pode *existir*, isto é, ser *válida*, embora permaneça *ineficaz*, se bem que uma norma sem o mínimo de eficácia não seja válida, já que esse mínimo de eficácia é *condição* de validade.

Para Kelsen *validade* é o mesmo que *vigência*. À validade ou vigência de uma norma ele contrapõe a *eficácia*. Se alguém objetar que uma lei pode ser *válida*, isto é, *existir*, sem que ainda seja *vigente*, poder-se-á afirmar, a partir de uma estrita concepção kelseniana, que se a lei não vige não existe, e que ela somente passa a existir com sua *vigência*, quando, portanto, passa a ser *válida*.

Isso fica claro se exemplificarmos com uma lei que crie um tributo. Por força do princípio constitucional da anualidade, esse tributo somente pode ser cobrado a partir do início do exercício financeiro subseqüente ao da publicação da lei que o criou (art. 150, III, "b", da CF). A rigor, poder-se-ia dizer que essa lei somente passa a *existir* – ou seja, *ter validade* – quando o tributo passa a poder ser cobrado. Parece-me, porém, que a lei já existe, tanto é que se não for revogada ou anulada – vale dizer, *se não tiver desconstituída sua validade* – passa a vigorar no primeiro dia do exercício subseqüente ao de sua publicação.

Nesse sentido, parece-me mais acertado distinguir *validade* e *vigência*. Válida é a norma legal que existe no mundo jurídico. Vigente é a norma legal juridicamente eficaz. Assim, introduz-se um terceiro conceito, além dos de *validade* e *eficácia fática* – qual seja, o de *eficácia jurídica*, que é a aptidão para produzir efeitos jurídicos. Em outras palavras: a aptidão para produzir relações jurídicas concretas.

A lei – pelo menos em regra – é geral e abstrata. Não produz relações jurídicas concretas. Tais relações são produzidas por atos administrativos, decisões judiciais e negócios jurídicos, isto é, por normas jurídicas concretas, que *aplicam* os comandos abstratamente contidos nas normas legais. Daí dizer-se que a lei tem *aptidão para produzir efeitos jurídicos*, e não que *produz efeitos jurídicos*.

Essa aptidão para produzir efeitos jurídicos pode coincidir ou não com o momento em que a norma legal é posta. Se desde logo a lei tem essa aptidão, pode dizer-se que ela é *válida* e *juridicamente eficaz* (ou, tanto faz, *válida* e *vigente*). Pode ela, porém, estar com sua *eficácia jurídica* suspensa. Nesse caso ela é *válida*, mas temporariamente *ineficaz*. Vale dizer: temporariamente está suspensa sua aptidão para produzir efeitos jurídicos.

4. Síntese

Sintetizando o que foi dito até este ponto:

A) O Congresso Nacional é, ao mesmo tempo, Poder Legislativo Nacional e Federal. As leis *nacionais*, a par da Constituição Federal, constituem a ordem jurídica global, total, que abrange a ordem jurídica central (União) e as ordens jurídicas parciais, quer regionais, quer locais (Estados, Municípios e Distrito Federal), enquanto as leis *federais* constituem a ordem jurídica central (União).

B) Embora as leis nacionais não sejam hierarquicamente superiores às estaduais, municipais e do Distrito Federal, estas não podem conflitar com aquelas, na medida em que, se o fizerem, estarão invadindo campo próprio atribuído pela Constituição à lei nacional. Nada impede, porém, que as leis componentes das ordens jurídicas parciais *suplementem* a lei nacional.

C) As normas legais podem ser válidas e juridicamente eficazes, ou válidas mas temporariamente ineficazes. A eficácia jurídica é a aptidão para produzir efeitos jurídicos, e pode estar, em certos casos, temporariamente suspensa.

5. A concessão de serviço público no Direito Brasileiro

A concessão de serviço público é prevista no art. 175 da Constituição Federal, que dispõe:

"Art. 175. Incumbe ao Poder Público, na forma da lei, diretamente ou sob regime de concessão ou permissão, sempre através de licitação, a prestação de serviços públicos.

"Parágrafo único. A lei disporá sobre:

"I – o regime das empresas concessionárias e permissionárias de serviços públicos, o caráter especial de seu contrato e de sua prorrogação, bem como as condições de caducidade, fiscalização e rescisão da concessão ou permissão;

"II – os direitos dos usuários;

"III – política tarifária;

"IV – a obrigação de manter serviço adequado."

Tem sido pacificamente aceito na doutrina jurídica brasileira que essa lei, prevista no dispositivo constitucional transcrito, tem caráter *nacional*. Nesse sentido vale citar Celso Antônio Bandeira de Mello (*Curso de Direito Administrativo*, 12ª ed., São Paulo, Malheiros Editores, 2000, p. 604), Arnoldo Wald, Luíza Rangel de Moraes e Alexandre de M. Wald (*O Direito de Parceria e a Nova Lei de Concessões*,

São Paulo, Ed. RT, 1996, p. 100) e Maria Sylvia Zanella Di Pietro (*Parcerias na Administração Pública*, 3ª ed., São Paulo, Atlas, 1999, p. 69). Note-se que Maria Sylvia Zanella Di Pietro entende que a lei prevista no art. 175 da Constituição Federal é aplicável à União, Estados, Municípios e Distrito Federal, a partir da interpretação conjunta desse artigo e da norma contida no inciso XXVII do art. 22, que confere à União competência para produzir normas gerais de licitação e contratação administrativa, incluída, segundo ela, a contratação de concessão de serviço público. A meu ver, o caráter *nacional* da norma do referido art. 175 é verificável mediante interpretação do próprio dispositivo constitucional, isoladamente considerado. A divergência é, porém, irrelevante, já que a conclusão de ambos os raciocínios jurídicos é a mesma.

Com fundamento no art. 175 da Constituição Federal foram editadas duas leis: a de n. 8.987, de 13.2.1995, e a de n. 9.074, de 7.7.1995. A Lei 8.987 contém normas de caráter *nacional*. A Lei 9.074 contém normas *federais*, a par de normas *nacionais*.

À vista do exposto, cabe afirmar que as normas *nacionais* contidas nas duas leis não podem ser contrariadas por leis estaduais, municipais ou do Distrito Federal. A ordem jurídica global, total, nacional, não pode ser contrariada pelas ordens jurídicas parciais, quer regionais, quer locais. As leis estaduais, municipais ou do Distrito Federal podem *suplementar* as normas legais nacionais; não podem com elas conflitar.

Destaco algumas normas, de caráter *nacional*, que não podem ser contrariadas por leis estaduais, municipais ou do Distrito Federal.

Os §§ 2º, 3º e 4º do art. 9º da Lei 8.987 consagram a manutenção, durante toda a execução do contrato, do equilíbrio econômico-financeiro inicial da concessão:

"Art. 9º. (...).

"(...).

"§ 2º. Os contratos poderão prever mecanismos de revisão das tarifas, a fim de manter-se o equilíbrio econômico-financeiro.

"§ 3º. Ressalvados os impostos sobre a renda, a criação, alteração ou extinção de quaisquer tributos ou encargos legais, após a apresentação da proposta, quando comprovado seu impacto, implicará a revisão da tarifa, para mais ou para menos, conforme o caso.

"§ 4º. Em havendo alteração unilateral do contrato que afete o seu inicial equilíbrio econômico-financeiro, o poder concedente deverá restabelecê-lo, concomitantemente à alteração."

Saliente-se que a tese da manutenção do equilíbrio econômico-financeiro inicial do contrato administrativo, promovendo-se seu restabelecimento toda vez que se verifique desbalanceamento por motivo de força maior, fato da Administração ou fato do príncipe, foi admitida pela primeira vez na França em um caso concreto de contrato de concessão de serviço público. Foi com o *arrêt gaz de Bordeaux* que o Conselho de Estado Francês criou a *teoria da imprevisão*.

Em harmonia com esses dispositivos da Lei 8.987, estabeleceu a Lei 9.074, em seu art. 35:

"Art. 35. A estipulação de novos benefícios tarifários pelo poder concedente fica condicionada à previsão, em lei, da origem dos recursos ou da simultânea revisão da estrutura tarifária do concessionário ou permissionário, de forma a preservar o equilíbrio econômico-financeiro do contrato.·

"Parágrafo único. A concessão de qualquer benefício tarifário somente poderá ser atribuída a uma classe ou coletividade de usuários dos serviços, vedado, sob qualquer pretexto, o benefício singular."

As normas da Lei 9.074 dizem respeito, em sua maioria, à concessão de energia elétrica. Nesse sentido, são normas *federais*, na medida em que o poder concedente do serviço público de energia elétrica é a União. Esse art. 35, porém, contém uma norma de caráter *nacional*. Sua finalidade é declaradamente preservar o equilíbrio econômico-financeiro das concessões de serviço público em geral, resguardando-o do impacto de novos benefícios tarifários estipulados pelo poder concedente. Trata-se de norma pertinente à *política tarifária*, conteúdo da lei prevista no art. 175 da Constituição Federal (inciso III do parágrafo único).

6. O equilíbrio econômico-financeiro da concessão

A tarifa paga pelo usuário em contraprestação ao serviço a ele prestado pelo concessionário é calculada levando-se em conta os seguintes elementos: a) receita operacional prevista; b) eventuais receitas alternativas, complementares, acessórias ou de projetos associados (art. 11 da Lei 8.987); c) custos diretos e indiretos; d) investimentos a serem efetuados e prazo para sua amortização, que é o prazo de duração da concessão; e) lucro.

Se, durante a concessão, o poder concedente estipula benefícios tarifários, imprevisíveis no momento da celebração do contrato, isso constitui um *fato do príncipe*, que tem como resultado a redução da receita operacional. Para preservar a manutenção do equilíbrio econômico-financeiro da concessão, o art. 35 da Lei 9.074 *condiciona* essa estipulação: a) à previsão, em lei, da origem dos recursos; ou b) à simultânea revisão da estrutura tarifária.

Vale dizer: a perda de receita operacional pelo concessionário *deve ser* compensada por um dos dois esquemas previstos: substituição por uma dotação orçamentária ou revisão da estrutura da tarifa.

A dotação orçamentária deve não apenas ser prevista, mas tornada disponível. Isso porque entre o momento da *previsão* e o da *disponibilidade* dos recursos orçamentários poderá ocorrer o desequilíbrio da equação econômico-financeira da concessão, o que será juridicamente inadmissível.

Quanto à revisão da estrutura tarifária, pode ela, em tese, ser efetuada mediante: a) aumento do valor da tarifa; b) atribuição ao concessionário de receitas alternativas, complementares, acessórias ou de projetos associados; c) eliminação ou redução de encargos do concessionário; d) ampliação do prazo da concessão.

Esses mecanismos podem ser utilizados em conjunto ou isoladamente.

Essa compensação de receita, sob uma das modalidades previstas na lei, é indispensável à estipulação do benefício tarifário. Se este surge no mundo jurídico mediante produção de uma lei, o poder concedente *deve* compensar a perda de receita, substituindo-a por outra de caráter não-operacional, ou revendo a estrutura da tarifa.

Admita-se a hipótese de o poder concedente estadual ou municipal estipular o benefício tarifário sem prever a devida compensação pela perda de receita por parte do concessionário. Há duas maneiras possíveis de enfocar juridicamente tal questão.

Primeira: admitindo-se a tese de que uma lei estadual ou municipal não pode conflitar com a lei *nacional*, poder-se-á considerar *inválida* a lei concessiva do benefício tarifário, por invadir campo próprio atribuído pela Constituição à ordem jurídica global, total.

Segunda: partindo-se do entendimento de que a compensação de receita é estabelecida, *na lei nacional*, como *condição suspensiva da eficácia jurídica da lei concessiva do benefício*, poder-se-á considerar esta *válida*, mas *juridicamente ineficaz, enquanto o poder concedente não providenciar a compensação de receita*, sob uma das duas modalidades previstas.

Inclino-me a sustentar a segunda tese, embora não me pareça totalmente descabida a primeira. O benefício tarifário *vale*, mas não pode ser praticado enquanto não houver a compensação de perda de receita prevista no art. 35 da Lei 9.074, que – repito – é norma *nacional*. Vale dizer: a lei concessiva do benefício tarifário é *válida*, mas *juridicamente ineficaz*. Não tem aptidão para produzir efeitos jurídicos.

Volto a frisar que os recursos orçamentários substitutivos devem estar *disponíveis* para que a lei concessiva do benefício *entre em vigor*, ou seja, *passe a ter eficácia jurídica*. Por outro lado, caso a opção do poder concedente seja a de rever a estrutura tarifária, essa revisão deve ser *simultânea à aplicação concreta da lei*. Vale dizer: a lei somente entra em vigor – ou seja, adquire eficácia jurídica – a partir do momento em que a estrutura da tarifa seja revista, devendo tal revisão observar a legislação nacional aplicável, as demais leis estaduais ou municipais que disciplinem o assunto, os termos dos contratos específicos celebrados pelas partes e, sobretudo, o *princípio do equivalente econômico do contrato administrativo*, assegurado mediante respeito integral ao equilíbrio econômico-financeiro inicial da concessão.

7. Conclusão

A) As normas componentes de uma ordem jurídica parcial não podem conflitar com a ordem jurídica global, total, na medida em que, se o fizerem, estarão invadindo campo próprio atribuído à ordem global pela Constituição Federal. Assim, uma norma legal *estadual* ou *municipal* não pode conflitar com uma norma legal *nacional*.

B) A norma contida no art. 35 da Lei 9.074, no sentido de que a estipulação de benefícios tarifários pelo poder concedente está condicionada à previsão em lei da origem dos recursos, ou à simultânea revisão da estrutura tarifária, é lei *nacional*. A estipulação em lei *estadual* ou *municipal* de isenção de tarifa, ou outro benefício tarifário, relativamente a serviços concedidos está, portanto, condicionada à compensação ao concessionário pela perda de receita resultante da isenção, sob uma das modalidades previstas no referido dispositivo legal nacional. Isso com o objetivo de preservar o equilíbrio econômico-financeiro da concessão.

C) Se a lei que estipula a isenção de tarifa, ou outro benefício tarifário, não prevê a origem de recursos compensatórios ela é *válida*, mas *juridicamente ineficaz*, entendida a eficácia jurídica como aptidão para produzir efeitos jurídicos. Essa aptidão fica condicionada à compensação pela perda de receita decorrente do benefício concedido, nos termos do art. 35 da Lei 9.074, passando a lei a ter *eficácia jurídica* apenas *se* e *quando* a condição prevista na lei nacional for implementada.

D) Se a Administração do poder concedente tentar aplicar a lei antes que ela adquira eficácia jurídica estará produzindo ato administrativo ilegal. Isso porque não se podem constituir relações jurídicas concretas com fundamento em uma lei que, embora válida, não possui ainda aptidão para produzir efeitos jurídicos. Essa aptidão ocorre: a) quando haja *disponibilidade* efetiva de recursos orçamentários substitutivos (e não mera previsão); ou b) quando seja revista a estrutura da tarifa.

III

FORMAÇÃO DE CONSÓRCIO.
ESCOLHA DE PARCEIRO
POR EMPRESA ESTADUAL.
DESNECESSIDADE DE LICITAÇÃO

CONSULTA

A Consulente, empresa estadual, deverá participar de licitação para concessão do serviço de fornecimento de água e esgotamento sanitário no Município de ... .

Para participar dessa licitação, pretende ela consorciar-se com parceiros privados. Essa parceria far-se-á em benefício do usuário dos serviços, a quem se pretende continuar prestando serviço adequado.

Indaga se a escolha de parceiros privados, para participar da licitação em consórcio e, caso seja vencedor esse consórcio, constituir com esses parceiros uma sociedade que tenha por objetivo exclusivo a prestação do aludido serviço, deverá ser precedida de licitação.

Esclarecendo que tem a maior urgência em posicionar-se perante essa questão, a Consulente junta os elementos necessários à compreensão do assunto e solicita-me emitir opinião a respeito.

É o que farei a seguir.

PARECER

A Consulente é uma sociedade de economia mista, integrante da Administração indireta do Estado.

A Constituição de 1988, em seu art. 22, XXVII, dispunha em sua redação original que a União tinha competência para legislar sobre: "XXVII – normas gerais de licitação e contratação, em todas as modalidades, para a Administração Pública, direta e indireta, incluídas as fundações instituídas e mantidas pelo Poder Público, nas diversas esferas de governo, e empresas sob seu controle".

Com a aprovação da Emenda Constitucional 19, de 4.6.1998, esse dispositivo passou a ter a seguinte redação: "XXVII – normas gerais de licitação e contratação, em todas as modalidades, para as Administrações Públicas diretas, autárquicas e fundacionais da União, Estados, Distrito Federal e Municípios, obedecido o disposto no art. 37, XXI, e para as empresas públicas e sociedades de economia mista, nos termos do art. 173, § 1º, III".

Entendo que a alteração constitucional importou submeter as empresas estatais, quer sociedades de economia mista, quer empresas públicas, apenas aos *princípios* da licitação (art. 173, § 1º, III, da CF), e não mais às *normas gerais* de licitação e contratação editadas pela União. Caso entendêssemos o contrário a Emenda Constitucional 19 teria sido, nesse ponto, inócua. A alteração somente tem sentido se a entendermos como retirando as empresas estatais da disciplina de normas gerais editadas pela União. Assim, parece-me que a Lei 8.666/1993 passou a não mais aplicar-se às empresas estatais, quer federais, quer estaduais, municipais ou do Distrito Federal.

A questão, porém, não tem relevância para o enfoque adequado da consulta formulada. Qualquer que seja o entendimento que se dê à alteração efetuada pela Emenda Constitucional 19, é inequívoco que a Consulente, como empresa estadual, mais especificamente sociedade de economia mista, integrante da Administração indireta do Estado, tem o dever de licitar. Quer de acordo com as *normas* da Lei 8.666/1993, quer de acordo com os *princípios* da licitação.

O problema que se põe é: as empresas estatais têm o dever de realizar licitações. Mas *para contratar o quê?*

A Constituição dispõe, em seu art. 37, XXI, que: "XXI – ressalvados os casos especificados na legislação, as obras, serviços, compras e alienações serão contratados mediante processo de licitação pública que assegure igualdade de condições a todos os concorrentes, com cláusulas que estabeleçam obrigações de pagamento, mantidas as condições efetivas da proposta, nos termos da lei, o qual somente permitirá as exigências de qualificação técnica e econômica indispensáveis à garantia do cumprimento das obrigações".

Por outro lado, dispõe, no art. 175: "Art. 175. Incumbe ao Poder Público, na forma da lei, diretamente ou sob regime de concessão ou permissão, sempre através de licitação, a prestação de serviços públicos".

Fica claro, à vista desses dispositivos constitucionais, que o procedimento licitatório deve, *em regra*, preceder a contratação, pela Administração Pública em geral, de: a) obras; b) serviços; c) compras; d) alienações; e e) concessões e permissões de serviço público.

É cediça a noção de que a licitação é um procedimento que tem por objetivo a celebração de um *contrato administrativo*. O que é um contrato administrativo? Não adianta buscarmos na doutrina estrangeira um conceito universal de contrato administrativo. A doutrina francesa dedica-se à descrição do Direito Francês. A italiana, do Direito Italiano. E assim por diante. Importa saber o que é contrato administrativo *no Direito Brasileiro*. Todo Direito é Direito posto e vigente em um determinado país.

Nesse sentido escreveu Hans Kelsen, no "Prefácio" à sua *Teoria Geral do Direito e do Estado* (3ª ed., trad. de Luís Carlos Borges, São Paulo, Martins Fontes, 1998, p. XXVII): "A teoria que será exposta na Primeira Parte deste livro é uma teoria geral do Direito Positivo. O Direito Positivo é sempre o Direito de uma comunidade definida: o Direito dos Estados Unidos, o Direito da França, o Direito Mexicano, o Direito Internacional".

No mesmo sentido, diz Alf Ross (*Sobre el Derecho y la Lenguaje*, 3ª ed., trad. de Genaro R. Carrió, Buenos Aires, 1963, pp. 19-20): "O caráter normativo da Ciência do Direito significa, portanto, que se trata de uma doutrina *referente* a normas, e não de uma doutrina composta *de* normas. Não tem como fim 'postular' ou expressar normas, mas estabelecer que estas são 'Direito vigente'. A Ciência do Direito é normativa enquanto descritiva de normas e não enquanto expressiva delas" (trad. minha).

Escreve, ainda, Ross (ob. cit., p. 9): "Toda proposição de um livro de texto jurídico tem que ser compreendida com a ressalva geral de que o autor está expondo o Direito vigente dentro de um sistema jurí-

dico específico: o Direito de Illinois, da Califórnia, o *common law* etc."
(trad. minha).

Volto a Kelsen, só que em sua *Teoria Geral das Normas* (trad. de José Florentino Duarte, Porto Alegre, Sérgio Antônio Fabris Editor, 1986, p. 194): "Se a Ética e a Ciência do Direito são indicadas como Ciências 'normativas', então isto não significa – como mais uma vez precisa ser acentuado com ênfase – que elas fixem normas, prescrevam conduta humana, mas sim que normas são seu objeto, que elas descrevem normas".

No Direito Brasileiro a licitação precede a realização de contratos administrativos, que são os contratos de obras, serviços, compras, alienações e concessões e permissões de serviço público celebrados pelo Poder Público (União, Estados, Municípios e Distrito Federal).

A Lei 8.666/1993, ao regular expressamente o art. 37, XXI, da Constituição, estabeleceu (art. 1º) "normas gerais sobre licitações e contratos administrativos pertinentes a obras, serviços, inclusive de publicidade, compras, alienações e locações no âmbito dos Poderes da União, dos Estados, do Distrito Federal e dos Municípios".

Ao elenco constitucional acrescentou, apenas, "locações", por ela incluídas, a exemplo do que faz a legislação tributária, na categoria de "serviço" (art. 6º, II). Quanto às concessões e permissões, foram elas previstas nos arts. 2º e 124.

Os demais contratos celebrados pelo Poder Público não são considerados, pelo Direito Brasileiro, contratos administrativos. Não se exige para sua celebração a realização prévia de licitação.

Saliente-se que parte da doutrina brasileira tem entendido que a Lei 8.666/1993 é demasiadamente abrangente, não efetuando a distinção entre *contratos da Administração* e *contratos administrativos*. Nesse sentido é paradigmática a posição de Maria Sylvia Zanella Di Pietro (*Direito Administrativo*, 13ª ed., São Paulo, Atlas, 2001). Diz ela (p. 240): "A Lei 8.666/1993, com as alterações introduzidas pela Lei 8.883, de 8.6.1994, e pela Lei 9.648, de 27.5.1998, abrange todos os contratos por ela disciplinados sob a denominação de *contratos administrativos* (arts. 1º e 54), embora nem todos tenham essa natureza".

Acrescenta ela (ob. cit., pp. 241-242) que há contratos administrativos "no sentido amplo empregado na Lei 8.666/1993" e contratos administrativos "no sentido próprio e restrito, que abrange apenas aqueles acordos de que a Administração é parte, sob regime jurídico publicístico, derrogatório e exorbitante do Direito Comum".

Permito-me discordar da ilustre administrativista brasileira. Não me parece que exista uma *natureza* do contrato administrativo. "Contrato administrativo" é o que o Direito vigente em um determinado país diz que *é*, e não o que a doutrina (Ciência Jurídica) diz que *deveria ser*. A Ciência Jurídica – como escreve Alf Ross – não tem como fim "postular" ou expressar normas, mas estabelecer que elas são "Direito vigente". Em outras palavras: *a Ciência Jurídica (doutrina) não cria o Direito, descreve-o*. E não se pode dizer que se trata de questão semântica, porque diz Maria Sylvia (ob. cit., p. 241): "Ficou quase inteiramente derrogado o Direito Comum, porque o legislador preferiu, em praticamente todos os contratos de que a Administração é parte, manter a sua posição de supremacia sobre o particular".

Em meu entendimento, não cabe ao jurista – pelo menos enquanto tal – concordar ou discordar da lei, mas sim descrevê-la como foi posta. A lei adotou um conceito de contrato administrativo mais amplo do que o habitualmente encontrado em textos de literatura jurídica. É esse conceito, amplo, que integra o sistema jurídico.

De qualquer maneira, porém, objeto da discussão é se a lei ampliou demasiadamente ou não o conceito de contrato administrativo. Quanto ao entendimento de que os contratos não contemplados na lei *não são contratos administrativos* não existe discordância. E é este o ponto que nos interessa diretamente no momento.

A Lei 8.987/1995, que disciplinou as concessões e permissões de serviço público no Brasil, aplicável, por força do art. 175 da Constituição, à União, aos Estados, aos Municípios e ao Distrito Federal, autoriza o Poder Público a admitir a participação na licitação de empresas em consórcio (art. 19). Nessa hipótese as empresas licitantes devem apresentar comprovação de compromisso de constituição do consórcio (art. 19, I). Por outro lado, dispõe ela no art. 20: "Art. 20. É facultado ao poder concedente, desde que previsto no edital, no interesse do serviço a ser concedido, determinar que o licitante vencedor, no caso de consórcio, se constitua em empresa antes da celebração do contrato".

Sobre a norma contida nesse art. 20 da Lei 8.987/1995 escrevi, em meu *Concessão de Serviço Público* (São Paulo, Malheiros Editores, 1996, p. 39): "Note-se que essa norma não conflita com o § 1º do art. 278 da Lei 6.404/1976 (Lei das Sociedades por Ações), que diz não ter o consórcio personalidade jurídica. Não se atribui ao consórcio personalidade jurídica. Permite-se que se exija que as empresas que participaram da licitação em consórcio – e foram declaradas vencedoras – constituam uma nova pessoa jurídica, com objeto social específico, para prestação do serviço concedido".

Por outro lado, concordo inteiramente com Marçal Justen Filho quando ele escreve (*Concessões de Serviços Públicos*, São Paulo, Dialética, 1997, p. 243): "A regra merece aplausos porque o desempenho do serviço público objeto da concessão, de regra, é incompatível com o conceito de consórcio. Na maior parte dos casos, trata-se de atividades a serem desenvolvidas por longo prazo, necessitando estruturação exclusiva de recursos materiais e pessoal para seu desempenho. Essas atividades são complexas e pressupõem um sujeito com autonomia e personalidade jurídica próprias para seu desempenho. Nessas hipóteses de complexidade do serviço concedido, atribuir a concessão a um consórcio conduziria a uma, de duas alternativas. A primeira possibilidade seria a concessão ser desempenhada com ineficiência, por ausência de comando central e autonomia na organização da atividade. A segunda possibilidade seria o surgimento de sociedade de fato, com a estruturação não-formalizada de um sujeito de direito. Em ambas as hipóteses produzir-se-iam inúmeras dificuldades gerenciais e jurídicas, com grande probabilidade de frustração do intento da Administração Pública".

Nos casos em que o poder concedente adota o procedimento autorizado pelo art. 20 da Lei 8.987/1995 as empresas que participam da licitação em consórcio não chegam a formalizá-lo. Isso porque durante o procedimento licitatório lhes é exigido apenas o compromisso de constituição do consórcio. E, caso vencedoras, para a celebração do contrato devem constituir uma sociedade de fins específicos ("sociedade de propósito específico"). Ao contrário das contratações em geral, não são as licitantes, consorciadas, que são contratadas pelo Poder Público, mas sim uma nova pessoa jurídica, constituída pelas licitantes para o fim específico de prestar o serviço concedido. Vale dizer: uma nova pessoa jurídica, da qual as licitantes sejam sócias ou acionistas. O consórcio, portanto, não chega a ser formalizado, ou seja, não chega a ter existência jurídica.

Quando uma empresa ingressa em uma licitação para concessão de serviço público em consórcio com outra empresa, há que se distinguir, portanto, duas hipóteses. Na primeira as empresas apresentam compromisso de constituição do consórcio e, caso sejam vencedoras do certame, formalizam o consórcio e são contratadas pelo poder concedente, consorciadas. Na segunda não chegam a constituir o consórcio: constituem, isso, sim, uma nova pessoa jurídica, com o fim específico de prestar o serviço concedido. A rigor, nessa segunda hipótese não se pode falar em "compromisso de constituição de consórcio", mas sim em "compromisso de constituição de uma nova pessoa jurídica". Que, aliás, nessa hipótese, é o que deve ser exigido no edital para atender ao requisito de participação previsto no art. 19, I, da Lei 8.987/1995.

Ao participar de licitação "em consórcio" com uma ou mais empresas privadas, uma empresa estatal, como é o caso da Consulente, compromete-se a constituir uma nova pessoa jurídica caso elas, ditas "consorciadas", venham a ser vencedoras dessa licitação. Busca estabelecer, com essa ou essas empresas privadas, uma parceria. Certamente com o objetivo, no caso concreto, de aliar a tecnologia da qual a Consulente é detentora com a capacidade de investimentos da iniciativa privada. Compromete-se, portanto, a celebrar, com essa ou essas parceiras, um *contrato de sociedade*.

O contrato de sociedade é tipicamente um contrato *civil* ou *comercial*. Não é um contrato *administrativo*, mesmo quando uma das partes seja uma empresa estatal. Como se viu acima, no Direito Brasileiro são contratos administrativos os contratos celebrados pelo Poder Público para realização de obras públicas, obtenção de serviços a serem prestados, compras, alienações e concessões ou permissões. Somente esses. Ao constituir uma nova pessoa jurídica o Poder Público não está contratando com um construtor, um prestador de serviços, um vendedor, um comprador ou um concessionário ou permissionário. Está contratando com um sócio, embora a sociedade por eles constituída vá celebrar, por sua vez, um outro contrato, este administrativo – qual seja, o de concessão de serviço público.

Para contratar uma obra pública, uma prestação de serviços, uma compra ou alienação, ou, ainda, uma concessão ou permissão (na qualidade de concedente ou permitente), o Poder Público deve licitar. Para contratar uma sociedade *não tem o dever de licitar*. Isso em face da Constituição e das leis vigentes no país, ou seja, em face do Direito Brasileiro.

Note-se que o art. 62, § 3º, da Lei 8.666/1993 dispõe que se aplicam algumas das normas legais, *no que couber*, aos contratos "cujo conteúdo seja regido, predominantemente, por norma de Direito Privado", mencionando especialmente os contratos de seguro, financiamento e locação. Esse dispositivo legal não infirma o que foi dito até aqui, porque: a) as normas da Lei 8.666/1993 não têm aplicabilidade, na prática, aos contratos de seguro, financiamento e locação em que o Poder Público seja locatário, que estão submetidos a legislação própria; b) mesmo que seja admitida a aplicabilidade dessas normas, *no que couber*, a esses contratos, isso não os transforma em contratos administrativos, continuando eles a ser de Direito Privado; e c) o contrato de sociedade é *exclusivamente*, e não *predominantemente*, regido pelo Direito Privado.

Se, a este passo, porém, ainda me restasse alguma dúvida sobre o assunto, ela seria totalmente afastada ao verificar que no mesmo art. 37 da Constituição, que trata da Administração Pública em geral, está contido o inciso XX: "XX – depende de autorização legislativa, em cada caso, a criação de subsidiárias das entidades mencionadas no inciso anterior, assim como a participação de qualquer delas em empresa privada".

Entre as "entidades mencionadas no inciso anterior" estão as sociedades de economia mista, categoria em que se inclui a Consulente.

O art. 37 da Constituição contempla, portanto, duas hipóteses distintas, quais sejam: a) uma sociedade de economia mista cria subsidiária ou participa de empresa privada (inciso XX); e b) uma sociedade de economia mista contrata obras, serviços, compras e alienações (inciso XXI). Na primeira hipótese faz-se necessária *autorização legislativa*. Na segunda, *processo de licitação pública*. Na primeira não se exige licitação prévia; na segunda não se exige autorização legislativa.

Note-se que a Constituição, nesse inciso XX do art. 37, não distingue criação de subsidiária – que se caracteriza pelo controle societário por parte da entidade estatal – e simples participação, paritária ou minoritária, em empresa privada. Nas duas hipóteses faz-se necessária autorização legislativa. Isso, porém, não quer dizer que seja jurídicamente irrelevante que a participação da Consulente na nova pessoa jurídica se faça mediante subscrição da maioria do seu capital votante ou mediante subscrição da metade ou de minoria das ações ou quotas com direito a voto. Na primeira hipótese caracterizar-se-á a criação de uma *sociedade de economia mista de segundo grau*, que ficará vinculada a regras de Direito Público, inclusive no que se refere ao dever de licitar obras, serviços, compras e alienações. Na segunda haverá criação de uma empresa privada, submetida exclusivamente ao regime do Direito Privado.

CONCLUSÃO

Respondo, assim, à consulta formulada dizendo que a escolha, pela Consulente, de parceiro ou parceiros para com ele ou eles participar da licitação para prestar o serviço público de fornecimento de água e esgoto no Município de ... não está sujeita à realização de licitação. Caso a Consulente e sua ou suas "consorciadas" venham a ser vencedoras da licitação, nada obsta a que celebrem entre si contrato de sociedade, *observados os termos da autorização legislativa*, com o fim específico de prestar o serviço a ser concedido a essa nova pessoa jurídica.

IV

UTILIZAÇÃO DE FAIXAS DE DOMÍNIO, EM RODOVIAS CONCEDIDAS, POR OUTRAS CONCESSIONÁRIAS DE SERVIÇO PÚBLICO

CONSULTA

A ... formula consulta sobre a possibilidade jurídica de ser cobrada, das concessionárias dos serviços públicos de gás canalizado, energia elétrica e telecomunicações, remuneração pela utilização de faixas de domínio em rodovias concedidas, para implantação de gasodutos, redes de distribuição de gás e linhas de transmissão e distribuição de energia elétrica e de telecomunicações.

Informa a Consulente que tanto o Departamento Nacional de Estradas de Rodagem – DNER quanto os Departamentos de Estradas de Rodagem – DERs têm cobrado remuneração por essa utilização, muitas vezes atribuindo a receita disso resultante às concessionárias das rodovias, mediante previsão nos respectivos contratos de concessão. A atribuição dessa receita às concessionárias de rodovias tem sido efetuada com base no art. 11 da Lei 8.987/1995, que autoriza o poder concedente a prever, em favor da concessionária, a possibilidade de receitas alternativas, complementares, acessórias ou de projetos associados, com vista a favorecer a modicidade da tarifa.

Freqüentemente, concessionárias de gás canalizado, energia elétrica e telecomunicações têm-se insurgido contra essa prática, alegando basicamente que: a) têm direito à utilização gratuita das faixas de domínio; b) as concessionárias de gás canalizado, energia elétrica e telecomunicações têm o *poder-dever* de prestar o serviço público a elas concedido, pelo quê nenhum obstáculo se lhes pode opor a essa utilização; c) pelo menos as legislações referentes a energia elétrica e telecomunicações são expressas no sentido de assegurar-lhes a utilização gratuita das faixas de domínio; d) a remuneração porventura cobrada caracterizar-se-ia como *preço*, e este somente pode ser cobrado em decorrência de uma relação contratual, o que não seria o caso.

A Consulente não concorda com a juridicidade desses argumentos, pelo quê formula as seguintes questões:

1ª. A utilização, pelas concessionárias dos serviços públicos de gás canalizado, energia elétrica e telecomunicações, de faixas de domínio em rodovias federais, estaduais ou municipais concedidas depende da anuência do Poder Público (União, Estados ou Municípios, conforme o caso)?

2ª. O Poder Público pode cobrar remuneração por essa utilização?

3ª. Caso afirmativo:

a) A que título deve fazê-lo?

b) Qual a natureza jurídica dessa remuneração?

c) A receita decorrente pode ser atribuída pelo poder concedente à concessionária da rodovia, mediante previsão no contrato de concessão?

Salienta que a utilização das faixas de domínio não é indispensável à adequada prestação de serviços pelas referidas concessionárias, já que há alternativas igualmente eficazes, tais como utilização de leito de ferrovias e oleodutos ou constituição de servidões nos termos do art. 31, VI, da Lei 8.987/1995.

Solicita-me emitir opinião a respeito, para o quê anexa cópias de petições judiciais em processos em andamento, decisões judiciais sobre o assunto, pareceres e outros elementos que esclarecem sobre os argumentos ora em debate.

Passarei a emitir a opinião que me foi solicitada.

PARECER

1. *Utilização de bens de uso comum do povo*

Os bens públicos classificam-se em (art. 66 do CC Brasileiro): a) bens de uso comum do povo; b) bens de uso especial; c) bens dominicais.

As rodovias federais, estaduais e municipais, nelas incluídas as respectivas faixas de domínio, são bens de uso comum do povo.

Os elementos juntados à consulta levam-me a crer que não se está fazendo, na discussão jurídica sobre o assunto, uma distinção conceitual importante, entre *uso comum* e *uso especial* de bens de uso comum do povo.

O *uso comum* dos bens de uso comum do povo é, em regra, gratuito. Pode, excepcionalmente, ser cobrada por esse uso uma "retribuição" (art. 68 do CC). No caso de rodovias, por exemplo, pode ser cobrada do usuário que nelas trafegue dirigindo um veículo automotor uma remuneração, que é o pedágio. Tal cobrança tem amparo constitucional e legal.

O *uso especial* pode ser gratuito ou oneroso. Quem o faz não atua como alguém do povo. A finalidade desse uso não coincide com a destinação do bem público, que é por ele utilizado como meio para atingir uma finalidade especial. Por exemplo: alguém se utiliza da calçada de uma via pública e instala uma barraca de revistas e jornais. Paga, por isso, em regra, uma remuneração.

Parece-me evidente que a utilização de faixas de domínio em rodovias concedidas não é *uso comum* de bem de uso comum do povo, e sim *uso especial*. A finalidade a que se destina essa utilização não coincide com a finalidade própria do bem utilizado, que é assegurar o tráfego em condições adequadas.

O *uso comum* de bem de uso comum do povo não depende de anuência do Poder Público. O *uso especial*, sim. Esse uso especial pode ser objeto de *concessão*, *permissão* ou *autorização*, conforme o caso.

Noto, em documentos juntados à Consulta, que se busca demonstrar que o uso de bens de uso comum do povo não depende, em nenhuma hipótese, da anuência do Poder Público, nem se pode cobrar do interessado uma remuneração por esse uso. Esse argumento é insustentável. Quando o uso de bens de uso comum do povo se caracteriza como *especial* – como é o caso da utilização das faixas de domínio de rodovias pelas concessionárias de gás canalizado, energia elétrica e telecomunicações –, depende da anuência do Poder Público, Federal, Estadual ou Municipal, podendo, em princípio, ser cobrada dessas concessionárias uma remuneração.

Cite-se, a este passo, valiosa lição de Celso Antônio Bandeira de Mello, em seu consagrado *Curso de Direito Administrativo* (12ª ed., São Paulo, Malheiros Editores, 2000, p. 740):

"Além do uso *comum* dos bens de uso comum, isto é, deste uso livre, podem ocorrer hipóteses em que alguém necessite ou pretenda deles fazer *usos especiais*, ou seja, que se afastem das características dantes apontadas, por implicarem *sobrecarga* do bem, *transtorno* ou *impedimento para a concorrente e igualitária utilização de terceiros* ou ainda por demandarem até mesmo o desfrute de uma *exclusividade* no uso sobre parte do bem.

"Em tais situações, ora será indispensável (a) *a prévia manifestação administrativa* concordante (autorização de uso ou permissão de uso), ora será necessário (b) dar prévia ciência à Administração de que se pretende fazer determinada utilização de um certo bem público de uso comum, para que o Poder Público possa *vetá-la*, se for o caso. Com efeito, nestes casos não mais se estará ante o uso *comum*, mas ante usos *especiais*" (grifos do autor).

Parece-me, ainda, que alguns argumentos são no sentido de que, sendo a utilização das faixas de domínio destinada ao exercício de uma *função pública* (prestação de serviço público de gás canalizado, energia elétrica ou telecomunicações), isso se caracterizaria como – ou equivaleria a – um *uso comum*. Isso exige uma outra distinção conceitual.

O *uso especial* de um bem de uso comum do povo pode destinar-se a uma finalidade privada ou pública. Quando estaciono meu automóvel em uma via pública, utilizando-me de uma faixa de estacionamento permitido, e pago uma remuneração a um órgão municipal, estou fazendo uso especial do bem público *para fins privados*. É a meu interesse, privado, que busco atender. O mesmo ocorre quando instalo um quiosque para venda de flores em uma praça pública, pagando uma remuneração por esse uso. Quando uma concessionária de gás canalizado, energia elétrica ou telecomunicações utiliza a faixa de domínio de uma rodovia, está fazendo uso especial do bem público *para fins públicos*. É ao interesse público que ela busca atender. Mas o fato de que o uso do bem público seja destinado ao exercício de uma *função pública* nada tem a ver com o tipo de uso que se faz. Ele continua a ser *especial*, e não *comum*.

Este raciocínio me leva à conclusão preliminar de que:

a) o *uso especial* de bem de uso comum do povo depende de anuência do Poder Público, mediante concessão, permissão ou autorização, conforme o caso;

b) o Poder Público pode cobrar remuneração por esse *uso especial*;

c) o fato de ser a utilização do bem público destinada ao exercício de uma *função pública* não a transforma em *uso comum*, continuando ela a caracterizar-se como *uso especial*;

d) a utilização de faixas de domínio em rodovias federais, estaduais ou municipais por concessionárias de gás canalizado, energia elétrica e telecomunicações corresponde a um *uso especial* de bem de uso comum do povo;

e) essa utilização depende, portanto, de anuência do Poder Público, que pode cobrar por ela uma remuneração.

A este passo cabe-me apreciar o argumento de que as concessionárias de gás canalizado, energia elétrica e telecomunicações têm direito à utilização de faixas de domínio em rodovias concedidas porque têm o *poder-dever* de prestar adequadamente os serviços públicos a elas outorgados.

2. *O poder-dever das concessionárias de prestar o serviço público a elas concedido*

Mediante concessão, o *exercício* do serviço público é transferido para a concessionária, permanecendo com o poder concedente sua *titularidade*. A expressão "privatização de serviço público", que tem sido largamente empregada, é equívoca. Pode induzir ao erro de fazer crer que o serviço público muda de "dono". Passaria a ser de propriedade da concessionária. Mas, feita esta ressalva, a questão passa a ser semântica. O que importa salientar é que a concessionária exerce *função pública*. Assim, ela tem não apenas o poder, mas também o dever de prestar adequadamente o serviço a ela concedido.

Os contratos administrativos em geral, e talvez mais particularmente o de concessão de serviço público, têm por finalidade o que a doutrina jurídica italiana chama de "interesse coletivo primário".

Renato Alessi (*Principi di Diritto Amministrativo*, v. I, Milão, Giuffrè, 1974, pp. 226 e ss.) distingue o "interesse coletivo primário" do "interesse público secundário" – o primeiro, da sociedade; o segundo, do aparelho estatal. Adotada essa distinção, pode afirmar-se que o interesse preponderante é o "coletivo primário", que, nos contratos administrativos, está acima dos interesses das partes contratantes, quer o da Administração, "interesse público secundário", quer o da contratada, "interesse privado". Ambos secundários em face do "interesse coletivo primário".

Escreve Alessi (ob. cit., pp. 226-227): "O interesse assim dito *público* não é senão o interesse coletivo primário, considerado como objeto de tutela da ação administrativa, ao passo que o interesse da Administração, enquanto organização, não representa senão um dos interesses secundários existentes no grupo social" (trad. minha).

E acrescenta (ob. cit., p. 227): "A peculiaridade da posição jurídica da Administração Pública está precisamente nisso, em que sua função consiste na realização do interesse coletivo, público, primário" (trad. minha).

No que se refere à concessão de serviço público, essa noção pode ser assim graficamente exposta:

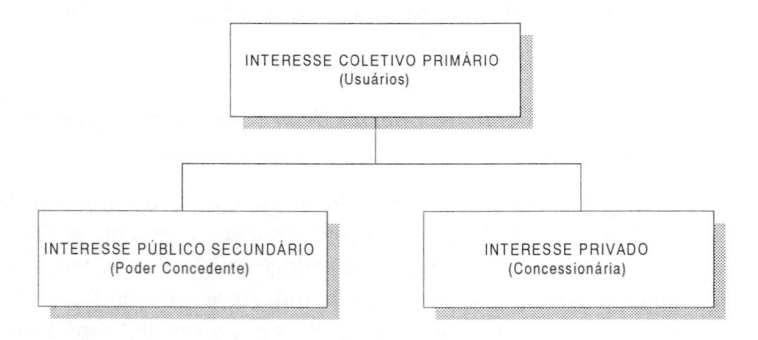

```
                    ┌─────────────────────────────┐
                    │ INTERESSE COLETIVO PRIMÁRIO │
                    │         (Usuários)          │
                    └──────────────┬──────────────┘
                                   │
                    ┌──────────────┴──────────────┐
                    │                             │
        ┌───────────────────────────┐  ┌───────────────────────┐
        │ INTERESSE PÚBLICO SECUNDÁRIO │  │   INTERESSE PRIVADO   │
        │     (Poder Concedente)     │  │    (Concessionária)   │
        └───────────────────────────┘  └───────────────────────┘
```

Sendo a finalidade primordial do contrato de concessão de serviço público o atendimento do "interesse coletivo primário", ou seja, o interesse dos usuários, a concessionária tem o *poder-dever* de prestar o serviço a ela concedido – prestação, essa, que se caracteriza como *função pública*.

A noção de *poder-dever* tem sido utilizada para defender a tese de que as concessionárias de gás canalizado, energia elétrica e telecomunicações têm *direito* à utilização (mais ainda: gratuita) das faixas de domínio. Parece-me, porém, que ela é, para tal finalidade, inútil. Porque, se as concessionárias de gás canalizado, energia elétrica e telecomunicações têm o *poder-dever* de prestar serviço adequado aos respectivos usuários, as concessionárias de rodovias também têm o *poder-dever* de prestar serviço adequado aos usuários das rodovias a elas concedidas.

Esse argumento teria relevância se se pudesse demonstrar a existência de uma hierarquia entre os vários "interesses coletivos primários" envolvidos. Vale dizer: se se pudesse demonstrar que o interesse dos usuários de gás canalizado, energia elétrica ou telecomunicações mereceria do ordenamento jurídico uma proteção maior do que o dos usuários de rodovias. O mais que se pode dizer, porém, é que o interesse coletivo primário" ocupa uma posição de supremacia ante o interesse público secundário, do poder concedente, e o interesse privado, também secundário, da concessionária. Nada além disso.

Não há, assim, critério *jurídico* para diferenciar, muito menos para hierarquizar, os interesses dos grupos de usuários envolvidos. Aliás, não existe critério de qualquer espécie que permita essa diferenciação ou hierarquização.

Todo serviço público admite usos de maior ou menor relevância. O telefone, por exemplo, pode ser utilizado para concluir uma importante negociação empresarial, ou pedir auxílio à polícia, bombeiros ou pronto-socorro, como pode servir para conversas banais, sobre assuntos irrelevantes. A energia elétrica tanto pode ser usada para fazer funcionar uma fábrica quanto para permitir um inofensivo jogo de *video-game*. Assim ocorre, igualmente, com as rodovias. Se se tiver em mente a utilização de uma rodovia para passar fins-de-semana em casas de praia ou de campo poder-se-á concluir que o interesse do usuário de rodovias é social e economicamente inferior ao do usuário de energia elétrica ou telecomunicações, e mesmo ao do usuário de gás canalizado. Mas se se levar em conta, sob a ótica macroeconômica, que as rodovias servem sobretudo ao transporte de carga – e de carga pesada –, exercendo uma função relevante para a economia regional ou nacional, talvez se chegue a conclusão oposta.

O certo é que não há como diferenciar ou hierarquizar os "interesses coletivos primários" envolvidos. Assim, a noção de *poder-dever* de nada adianta para dirimir a questão. A não ser que, constatando esse fato, tenhamos claro em nossa mente que a solução do problema pressupõe a conciliação entre os vários "interesses coletivos primários" envolvidos, *sem que um dos grupos de usuários seja sacrificado em benefício dos demais.*

Não cabe, por outro lado, distinguir serviços públicos *essenciais* e *não-essenciais*. Todo serviço público é *essencial*. O Poder Público tem sempre o dever de prestar os serviços públicos, diretamente ou sob regime de concessão ou permissão (art. 175 da CF). O que se pode distinguir é o serviço público de utilização *obrigatória* (água e esgoto) e o de utilização *não-obrigatória* (gás canalizado, energia elétrica, telecomunicações ou rodovias). Nem nesses casos, porém, pode-se falar em hierarquia de serviços públicos, pelo quê mesmo uma concessionária de serviço público de utilização obrigatória não teria *direito* ao uso de faixas de domínio.

A noção de *poder-dever* poderia ter relevância, ainda, se a utilização das faixas de domínio fosse *indispensável* para que as concessionárias de gás canalizado, energia elétrica e telecomunicações prestassem serviço adequado aos usuários dos serviços a elas concedidos. Isso não ocorre, já que, como salienta a Consulente, têm elas alternativas igualmente eficazes para instalar gasodutos, redes de distribuição de gás e linhas de transmissão de energia elétrica ou telecomunicações.

3. Caracterização jurídica da anuência, pelo Poder Público, da utilização das faixas de domínio

Sustentei, acima, que a utilização das faixas de domínio em rodovias concedidas, pelas concessionárias de gás canalizado, energia elétrica e telecomunicações, depende de anuência do Poder Público. Resta indagar qual é o instrumento jurídico adequado.

O uso especial de um bem de uso comum do povo pode ser objeto de *concessão, permissão* ou *autorização*. No caso, parece-me que o instrumento adequado é a *permissão*. Isso porque, seguindo ensinamento de Hely Lopes Meirelles (*Direito Administrativo Brasileiro*, 25ª ed., atualizada por Eurico de Andrade Azevedo, Délcio Balestero Aleixo e José Emmanuel Burle Filho, São Paulo, Malheiros Editores, pp. 472 e ss.), entendo que a *concessão de uso* de bem público é outorgada a particular para que ele o explore "segundo sua destinação específica" (ob. cit., p. 478), enquanto a autorização de uso visa "apenas a atividades transitórias e irrelevantes para o Poder Público" (ob. cit., p. 475). Já a *permissão de uso*, ele a define como (ob. cit., p. 476): "(...) o ato negocial, unilateral, discricionário e precário através do qual a Administração faculta ao particular a utilização individual de determinado bem público. Como ato negocial (TJSP, *RJTJSP* 124/202), pode ser com ou sem condições, gratuito ou remunerado, por tempo certo ou indeterminado, conforme estabelecido no termo próprio, mas sempre modificável e revogável unilateralmente pela Administração, quando o interesse público o exigir, dados sua natureza precária e o poder discricionário do permitente para consentir e retirar o uso especial do bem público".

Vale ressaltar que a permissão deve ser outorgada pelo poder concedente, nada impedindo, porém, que a receita dela decorrente seja por ele atribuída à concessionária, mediante previsão no contrato de concessão, com base no art. 11 da Lei 8.987/1995.

A negociação quanto ao valor a ser pago também pode ser atribuída à concessionária, desde, é claro, que esta se atenha às diretrizes gerais do poder concedente e lhe submeta o valor negociado à sua aprovação.

Saliento, afinal, que essa permissão independe de licitação, nos termos do art. 25, *caput*, da Lei 8.666/1993, pela evidente inviabilidade de competição.

4. Natureza jurídica da remuneração paga pela utilização das faixas de domínio

Em meu *Concessão de Serviço Público* (São Paulo, Malheiros Editores, 1996, p. 20) adotei a noção de preços *semiprivados* ou *quase-privados*, tal como exposta por Hely Lopes Meirelles em seu *Direito Municipal Brasileiro* (11ª ed., atualizada por Célia Marisa Prendes e Márcio Schneider Reis, São Paulo, Malheiros Editores, 2000, p. 159): "Preços *semiprivados*: os preços *semiprivados* ou *quase-privados*, diversamente do que ocorre com os *preços públicos* (tarifas), não são prévia e unilateralmente fixados pelo Poder Público, mas surgem de atos negociais do particular com a Administração, para aquisição ou utilização de bens públicos ou para fruição especial de certas utilidades administrativas, sempre sujeitas à melhor oferta dos interessados. São exemplos dessa modalidade de preços os que se pagam ao Poder Público pela compra de seus bens, alienados mediante licitação; a remuneração pelo uso especial de certos logradouros ou locais públicos (praças, ruas, boxes de mercados etc.) e demais pagamentos resultantes de negócios do administrado com a Administração, em que ambos ajustam a retribuição pecuniária devida ao Poder Público, em situação de livre disputa entre os interessados. No preço semiprivado ou quase-privado, como, de resto, em todo preço, não há imposição do Poder Público, mas, sim, liberdade do particular no seu pagamento, o que o distingue dos tributos, exigidos sempre compulsoriamente" (grifos do autor).

Dispenso-me de maiores comentários a respeito, tal a clareza do texto transcrito. Saliento apenas a expressa referência do autor à "remuneração pelo uso especial de certos logradouros ou locais públicos".

5. Inexistência de norma que assegure a utilização de faixas de domínio pelas concessionárias de gás canalizado, energia elétrica ou telecomunicações

Não conheço *norma legal* que assegure essa utilização. Nos vários documentos anexados à consulta, encontrei transcritos inúmeros dispositivos, mas quase todos se referem, genericamente, à prestação dos serviços de gás canalizado, energia elétrica e telecomunicações. Vale dizer: são dispositivos que regulam a prestação dos serviços, nada tendo a ver com a utilização de faixas de domínio em rodovias concedidas.

Em uma petição da EMBRATEL em processo judicial no Paraná (Processo 99.0012288-7, na 4ª Vara da Justiça Federal), anexada à consulta, encontrei referência ao art. 73 da Lei 9.472/1997 (Lei Geral de Telecomunicações), que dispõe: "Art. 73. As prestadoras de serviços de telecomunicações de interesse coletivo terão direito à utilização de postes, dutos, condutos e servidões pertencentes ou controlados por prestadora de serviços de telecomunicações ou de outros serviços de interesse público, de forma não-discriminatória e a preços e condições justos e razoáveis".

Parece-me claro que esse dispositivo não se aplica às faixas de domínio em rodovias concedidas. Estas integram a rodovia, constituindo, o conjunto, um bem de uso comum do povo. Não se caracterizam elas como "postes", "dutos" ou "condutos", nem são passíveis de constituição de "servidões". De qualquer maneira, porém, mesmo que se entendesse que essa norma se aplicaria às faixas de domínio em rodovias, não haveria direito das concessionárias de telecomunicações à utilização gratuita dessas faixas, já que ela dependeria necessariamente de uma negociação entre as interessadas, a fim de definir o que seria "justo e razoável" *para ambas*.

Há um *decreto* federal (Decreto 84.398/1980, alterado pelo Decreto 86.859/1982) que dispõe:

"Art. 1º. A ocupação de faixas de domínio de rodovias, ferrovias e de terrenos de domínio público, e a travessia de hidrovias, rodovias, ferrovias, oleodutos e linhas de transmissão de energia elétrica de outros concessionários, por linhas de transmissão, subtransmissão e distribuição de energia elétrica de concessionários de serviços públicos de energia elétrica, serão autorizadas pelo órgão público federal, estadual ou municipal ou entidade competente, sob cuja jurisdição estiver a área a ser ocupada ou atravessada.

"Parágrafo único. Para os fins do disposto neste artigo, será considerada entidade competente a pessoa física ou jurídica que, em razão de concessão, autorização ou permissão, for titular dos direitos relativos à via de transporte, duto ou linha a ser atravessada, ou a ter a respectiva faixa de domínio ocupada.

"Art. 2º. Atendidas as exigências legais e regulamentares referentes aos respectivos projetos, as autorizações serão por prazo indeterminado e sem ônus para os concessionários de serviços públicos de energia elétrica."

Esse decreto buscava abranger não apenas a esfera federal, mas também a estadual e a municipal. A pretensão era, no entanto, flagrantemente inconstitucional, mesmo diante da Constituição de 1967 (EC 1/1969). Nem mesmo o Congresso Nacional tinha – como continua não tendo em face da Constituição de 1988 – competência para produzir leis aplicáveis às três esferas de poder, salvo nas hipóteses de *leis nacionais*. Se *leis federais* não se aplicavam – como continuam não se aplicando – a Estados e Municípios, muito menos *decretos federais*.

O Decreto 84.398/1980 aplicava-se, assim, apenas à esfera federal e, no que se refere às rodovias concedidas, não pode prevalecer sobre o art. 11 da Lei 8.987/1995 – *lei nacional* –, que é do seguinte teor:

"Art. 11. No atendimento às peculiaridades de cada serviço público, poderá o poder concedente prever, em favor da concessionária, no edital de licitação, a possibilidade de outras fontes provenientes de receitas alternativas, complementares, acessórias ou de projetos associados, com ou sem exclusividade, com vistas a favorecer a modicidade das tarifas, observado o disposto no art. 17 desta Lei.

"Parágrafo único. As fontes de receita previstas neste artigo serão obrigatoriamente consideradas para a aferição do inicial equilíbrio econômico-financeiro do contrato."

O poder concedente, portanto, está autorizado a produzir normas jurídicas de terceiro escalão (o edital e o contrato, ambos atos administrativos), prevendo, em favor da concessionária, receitas alternativas, complementares, acessórias ou de projetos associados, incluídas as decorrentes da utilização de faixas de domínio em rodovias concedidas. Para quê? Para favorecer a modicidade das tarifas – modicidade, essa, que deve ser analisada em cada caso, levando-se em conta não apenas a tarifa em si, mas também outros fatores, inclusive sua repercussão na preservação do equilíbrio econômico-financeiro inicial do contrato de concessão.

Saliente-se que a concessionária tem por obrigação primordial prestar serviço adequado (art. 6º da Lei 8.987/1995). A utilização da faixa de domínio por terceiros pode, caso não seja devidamente regulada, interferir negativamente na prestação do serviço. Assim, a concessionária da rodovia pode ser responsabilizada, perante o usuário e o poder concedente, por ato de terceiro, o que torna coerente o esquema de atribuir-lhe a faculdade de efetuar ajustes relativos à utilização dessas faixas, auferindo a respectiva remuneração.

Há, assim, incompatibilidade entre o Decreto 84.398/1980 e a lei. Prevalece, obviamente, a norma legal, posterior ao decreto e hierarquicamente superior a este. O decreto, *quando muito*, permanece em vigor apenas no que se refere às *rodovias federais não-concedidas*, ou seja, exploradas diretamente pela União. Digo "quando muito" porque mesmo relativamente a essas rodovias sua legalidade é discutível, em face do Decreto-lei federal 512/1969. Deixo, porém, de enfrentar essa questão no momento, já que a consulta refere-se a *rodovias concedidas*, e quanto a estas o decreto não tem validade, diante da norma do art. 11 da Lei 8.987/1995.

Se a União decide atribuir à concessionária de uma rodovia federal, com base no art. 11 da Lei 8.987/1995, a receita pela exploração da faixa de domínio, não se pode opor a essa decisão o Decreto 84.398/1980, porque ele é anterior à lei e hierarquicamente inferior a esta. Se Estado ou Município adotam a mesma decisão relativamente às rodovias estaduais ou municipais, também não se pode opor a essa decisão o referido decreto, não somente porque ele é anterior à lei e inferior a esta, como porque, sendo federal, não tem – e nunca teve – fundamento constitucional para aplicar-se às esferas estaduais e municipais.

Aliás, é curioso que esse decreto esteja sendo citado para sustentar a tese de que a utilização (gratuita) das faixas de domínio em rodovias concedidas, pelas concessionárias de energia elétrica, é um *direito* seu, decorrente do *poder-dever* que têm de prestar o serviço a elas concedido, bem como das normas do Código de Águas. Se assim fosse o decreto teria sido inócuo. Não teria "sentido" editá-lo. Por que assegurar a utilização gratuita de faixas de domínio se ela já estava prevista em lei?

A este passo, cabe fazer breve referência a um dos argumentos que têm sido expostos: o de que não teria sentido atribuir à concessionária da rodovia uma receita que constituiria, para outra concessionária, um *custo*. Vale dizer: à eventual modicidade do pedágio corresponderia uma oneração do usuário do serviço de gás canalizado, energia elétrica ou telecomunicações, na medida em que esse custo seria repassado pela concessionária à respectiva tarifa.

Penso que esse argumento não se sustenta, por dois motivos. Primeiro porque o desafio que se coloca é exatamente o de compatibilizar os interesses dos grupos de usuários envolvidos, já que – repito – não há hierarquia entre eles. A utilização gratuita das faixas de domínio pelas outras concessionárias não apenas deixaria de contribuir para a modicidade do pedágio como também importaria custo adicional para a concessionária da rodovia, que teria de controlar e fiscalizar essa utilização, a fim de evitar que viesse a ser prejudicada a prestação de "serviço adequado", ou que fossem provocados fatos que causassem danos pessoais e materiais aos usuários da rodovia, acarretando responsabilidade para ela, concessionária. Segundo porque as concessionárias de gás canalizado, energia elétrica e telecomunicações não necessariamente têm que utilizar as faixas de domínio. Há, como ressalta a Consulente, alternativas igualmente eficazes. Cabe-lhes escolher a mais módica, a fim de que todas as concessionárias envolvidas colaborem, *em harmonia*, para a modicidade das tarifas cobradas dos usuários dos serviços a elas concedidos. Para essa harmonia certamente contribuirá o poder concedente da rodovia, especialmente nos casos em que ele é também o poder concedente do serviço cuja prestação se esteja querendo fazer mediante utilização das faixas de domínio.

Note-se, ainda, que mesmo na hipótese de o poder concedente não atribuir à concessionária da rodovia a receita decorrente da utilização das faixas de domínio esse *uso especial* deverá ser objeto de *permissão*, a fim, sobretudo, de que não venha ele a prejudicar o *uso comum* da rodovia pelos que nela trafegam.

Saliento, afinal, que o raciocínio jurídico desenvolvido neste parecer aplica-se tanto às utilizações de faixas de domínio posteriores quanto às anteriores ao contrato de concessão. O poder concedente está, a meu ver, autorizado a atribuir à concessionária da rodovia a receita decorrente dessa utilização mesmo nos casos em que ela tenha sido permitida anteriormente ao contrato de concessão.

Não se pode, nesses casos, argumentar que existe *direito adquirido* à utilização. A permissão de uso é *precária*, sendo, como diz Hely Lopes Meirelles, "sempre modificável e revogável unilateralmente pela Administração". Por outro lado, mesmo que ela tenha sido outorgada gratuitamente, nada impede que passe a ser onerosa, atribuindo-se a respectiva receita à concessionária da rodovia com base no art. 11 da Lei 8.987/1995.

6. Conclusão

Em síntese:

A) A utilização de bens de uso comum do povo – categoria em que se incluem as rodovias e suas respectivas faixas de domínio – pode corresponder a um uso *comum* ou *especial*.

B) O uso *especial* de bens de uso comum do povo está condicionado à anuência do Poder Público.

C) Quando uma concessionária de gás canalizado, energia elétrica ou telecomunicações utiliza faixa de domínio em rodovias está fazendo dela um *uso especial*, dependente, portanto, da anuência do Poder Público.

D) Essa anuência deve ser formalizada mediante *permissão de uso*.

E) O Poder Público pode cobrar, da permissionária, uma remuneração, que se caracteriza como um *preço semiprivado*, ou *quase-privado*.

F) Nas rodovias concedidas essa remuneração pode ser atribuída pelo poder concedente à concessionária da rodovia, mediante previsão no contrato de concessão, com base no art. 11 da Lei 8.987/1995.

G) Dos documentos anexados à consulta, referentes à discussão jurídica que se trava sobre o assunto, não consta menção a qualquer norma legal que assegure às concessionárias de gás canalizado, energia elétrica ou telecomunicações *direito* à utilização de faixas de domínio em rodovias concedidas. Quanto ao Decreto 84.398/1980, que isenta as concessionárias de energia elétrica do pagamento de remuneração por essa utilização, não se aplica ele às rodovias federais concedidas nem, muito menos, às rodovias estaduais e municipais, sejam estas concedidas ou não.

H) Tanto as concessionárias de gás canalizado, energia elétrica e telecomunicações quanto as concessionárias de rodovias têm o *poder-dever* de prestar os serviços públicos a elas concedidos, com vista a atender ao interesse dos respectivos usuários.

I) Não existe diferenciação, muito menos hierarquia, entre serviços públicos, na medida em que todos eles são *essenciais*, não se podendo fazer distinção entre os "interesses coletivos primários" a que se busca atender.

J) A questão da utilização, por outras concessionárias, de faixas de domínio em rodovias concedidas exige, para sua solução, uma atuação harmônica entre as várias concessionárias envolvidas, com o objetivo de melhor atender aos interesses dos respectivos usuários, no exercício do *poder-dever* que todas elas têm de prestar "serviço adequado", remunerado por tarifas "módicas".

À vista do exposto, respondo às questões formuladas:

1ª. A utilização, pelas concessionárias dos serviços públicos de gás canalizado, energia elétrica e telecomunicações, de faixas de domínio em rodovias federais, estaduais ou municipais concedidas depende da anuência do Poder Público (União, Estados ou Municípios, conforme o caso)?

• *Sim.* Essa utilização caracteriza-se como *uso especial* de bem de uso comum do povo. Como tal, está condicionada à anuência do Poder Público.

2ª. O Poder Público pode cobrar remuneração por essa utilização?

• *Sim.* O *uso comum* de bem de uso comum do povo independe, em regra, de remuneração, podendo excepcionalmente ser cobrada, por esse uso, uma "retribuição", nos termos do art. 68 do Código Civil Brasileiro. Quanto ao *uso especial* desses bens, é ele, em regra, passível de cobrança de remuneração pelo Poder Público.

3ª. Caso afirmativo:
a) A que título deve fazê-lo?
b) Qual a natureza jurídica dessa remuneração?
c) A receita decorrente pode ser atribuída pelo poder concedente à concessionária da rodovia, mediante previsão no contrato de concessão?

• A utilização, pelas concessionárias dos serviços públicos de gás canalizado, energia elétrica e telecomunicações, de faixas de domínio em rodovias concedidas deve ser objeto de permissão de uso de bem público. Em contraprestação pela outorga dessa permissão, o Poder Público pode cobrar da permissionária um *preço semiprivado*, ou *quase-privado*. A receita decorrente pode ser atribuída à concessionária da rodovia, mediante previsão no contrato de concessão, com base no art. 11 da Lei 8.987/1995.

INDICAÇÕES BIBLIOGRÁFICAS SOBRE CONCESSÃO DE SERVIÇO PÚBLICO NO BRASIL

Existe valiosa bibliografia sobre concessão de serviço público no Brasil. Entre outros:

1. De CELSO ANTÔNIO BANDEIRA DE MELLO, um clássico da década de 70, mas em grande parte atual, *Prestação de Serviços Públicos e Administração Indireta* (São Paulo, Ed. RT, 1973), bem como o Capítulo XII de seu *Curso de Direito Administrativo* (14ª ed., São Paulo, Malheiros Editores, 2002).

2. De LÚCIA VALLE FIGUEIREDO, o Capítulo II do *Curso de Direito Administrativo* (5ª ed., São Paulo, Malheiros Editores, 2001).

3. De EURICO DE ANDRADE AZEVEDO e MARIA LÚCIA MAZZEI DE ALENCAR, *Concessão de Serviços Públicos* (São Paulo, Malheiros Editores, 1998). Também de EURICO DE ANDRADE AZEVEDO, em conjunto com DÉLCIO BALESTERO ALEIXO e JOSÉ EMMANUEL BURLE FILHO, a excelente atualização do clássico *Direito Administrativo Brasileiro*, de Hely Lopes Meirelles (27ª ed., São Paulo, Malheiros Editores, 2002).

4. De MARIA SYLVIA ZANELLA DI PIETRO, o Capítulo 4 do *Direito Administrativo* (13ª ed., São Paulo, Atlas, 2001) e, especialmente, *Parcerias na Administração Pública* (3ª ed., São Paulo, Atlas, 1999).

5. De MARÇAL JUSTEN FILHO, *Concessões de Serviços Públicos* (São Paulo, Dialética, 1997), além do recente *O Direito das Agências Reguladoras Independentes* (São Paulo, Dialética, 2002).

6. De ARNOLDO WALD, LUÍZA RANGEL DE MORAES e ALEXANDRE DE M. WALD, *O Direito de Parceria e a Nova Lei de Concessões* (São Paulo, Ed. RT, 1996).

7. De BENEDICTO PORTO NETO, *Concessão de Serviço Público no Regime da Lei 8.987/1995* (São Paulo, Malheiros Editores, 1998).

Há, ainda, inúmeros artigos, estudos e pareceres publicados em revistas de Direito Público, dentre as quais destaco a *Revista Trimestral de Direito Público* (*RTDP*), *Diálogo Jurídico* (*www.direitopublico.com.br*) e *Interesse Público*.

Cito, ainda, trabalho que, embora não tenha enfoque jurídico, merece ser lido por todos aqueles que se dedicam ao estudo do assunto: "As concessões de serviços públicos no Brasil", de autoria de ADRIANO MURGEL BRANCO, inserido no livro *Política Energética e Crise de Desenvolvimento – A Antevisão de Catullo Branco* (São Paulo, Paz e Terra, 2002), do qual foi ele o organizador.

BIBLIOGRAFIA CITADA

ALENCAR, Maria Lúcia Mazzei de, e AZEVEDO, Eurico de Andrade. *Concessão de Serviços Públicos*. São Paulo, Malheiros Editores, 1998.

ALESSI, Renato. *Principi di Diritto Amministrativo*. v. I. Milão, Giuffrè, 1974.

ANDRADE, Manuel A. Domingues de. *Ensaio sobre a Teoria da Interpretação das Leis*. Coimbra, Arménio Amado Editor, 1987.

ANTUNES, Luís Filipe Colaço. *Mito e Realidade da Transparência Administrativa*. Coimbra, 1990.

AZEVEDO, Eurico de Andrade, e ALENCAR, Maria Lúcia Mazzei de. *Concessão de Serviços Públicos*. São Paulo, Malheiros Editores, 1998.

BANDEIRA DE MELLO, Celso Antônio. *Curso de Direito Administrativo*. 13ª ed. São Paulo, Malheiros Editores, 2002.

_____. *O Conteúdo Jurídico do Princípio da Igualdade*. 3ª ed., 10ª tir. São Paulo, Malheiros Editores, 2002.

BETTI, Emilio. *Interpretazione della Legge e degli Atti Giuridici*. 2ª ed. Milão, Giuffrè, 1971.

BOBBIO, Norberto. *Destra e Sinistra*. Roma, Donzelli Editore, 1994.

BRANCO, Adriano Murgel. "As concessões de serviços públicos no Brasil". *Política Energética e Crise de Desenvolvimento – A Antevisão de Cattulo Branco*. São Paulo, Paz e Terra, 2002.

CAGNASSO, Oreste. *Appalto e Sopravvenienza Contrattuale*. Milão, Giuffrè, 1979.

CIANFLONE, Antonio. *L'Appalto di Opere Pubbliche*. 7ª ed. Milão, Giuffrè, 1985.

CINTRA DO AMARAL, Antônio Carlos. *Comentando as Licitações Públicas*. Rio de Janeiro, Temas & Idéias Editora, 2002.

_____. "Dispensa de licitação por emergência". *Ato Administrativo, Licitações e Contratos Administrativos*. 1ª ed., 2ª tir. São Paulo, Malheiros Editores, 1996.

BIBLIOGRAFIA

_____. *Licitação para Concessão de Serviço Público*. São Paulo, Malheiros Editores, 1995.

_____. "Qualificação técnica da empresa na nova Lei de Licitações e Contratos Administrativos (Lei 8.666/1993)". *RTDP* 5/42-48. São Paulo, Malheiros Editores, 1994.

_____. "Sobre o Positivismo Jurídico". *Revista do Instituto dos Advogados de Pernambuco* 1/73-131, 2000.

CRUET, Jean. *A Vida do Direito e a Inutilidade das Leis*. Lisboa, Ibero-Americana, 1938.

DELVOLVÉ, Pierre, LAUBADÈRE, André de, e MODERNE, Franck. *Traité des Contrats Administratifs*. t. I. Paris, Librairie Générale de Droit et de Jurisprudence, 1983.

DI PIETRO, Maria Sylvia Zanella. *Parcerias na Administração Pública*. 3ª ed. São Paulo, Atlas, 1999.

ENGISCH, Karl. *Introdução ao Pensamento Jurídico*. 7ª ed. Lisboa, Fundação Calouste Gulbenkian, 1996.

ESCOLA, Héctor. *El Interés Público como Fundamento del Derecho Administrativo*. Buenos Aires, Depalma, 1989.

FERRARA, Francesco. *Trattato di Diritto Civile Italiano*. v. I. Roma, Athenaeum, 1921.

FROSINI, Vittorio. *Teoría de la Interpretación Jurídica*. Santa Fe de Bogotá, Temis, 1991.

GOMES, Orlando. *Contratos*. 12ª ed. Rio de Janeiro, Forense, 1987.

JUSTEN FILHO, Marçal. *Concessões de Serviços Públicos*. São Paulo, Dialética, 1997.

KELSEN, Hans. *Teoria Pura de Direito*. 3ª ed. Coimbra, Arménio Amado Editor, 1984.

LARENZ, Karl. *Metodologia da Ciência do Direito*. 3ª ed. Lisboa, Fundação Calouste Gulbenkian, 1997.

LAUBADÈRE, André de. *Traité Élémentaire de Droit Administratif*. Paris, Librairie Générale de Droit et de Jurisprudence, 1953.

_____, MODERNE, Franck, e DELVOLVÉ, Pierre. *Traité des Contrats Administratifs*. t. I. Paris, Librairie Générale de Droit et de Jurisprudence, 1983.

MAXIMILIANO, Carlos. *Hermenêutica e Aplicação do Direito*. 16ª ed. Rio de Janeiro, Forense, 1997.

MEIRELLES, Hely Lopes. *Direito Municipal Brasileiro.* 12ª ed. São Paulo, Malheiros Editores, 2001.

──────. *Licitação e Contrato Administrativo.* 13ª ed. São Paulo, Malheiros Editores, 2002.

MODERNE, Franck, e DELVOLVÉ, Pierre. *Droit Administratif.* 12ª ed., v. 2. Paris, Presses Universitaires de France, 1992.

──────, DELVOLVÉ, Pierre, e LAUBADÈRE, André de. *Traité des Contrats Administratifs.* t. I. Paris, Librairie Générale de Droit et de Jurisprudence, 1983.

ORTIZ, Gaspar Ariño. *Teoría del Equivalente Económico en los Contratos Administrativos.* Madri, Instituto de Estudios Administrativos, 1968.

PERELMAN, Chaïm. *Ética e Direito.* São Paulo, Martins Fontes, 1996.

PIRAINO, Salvatore. *La Funzione Amministrativa fra Discrezionalità e Arbitrio.* Milão, Giuffrè, 1990.

ÍNDICE ALFABÉTICO-REMISSIVO

A

Agências reguladoras, **38**
Ato de justificação prévia, **50 e 61/62**
Audiência pública, **61/62**

B

Bens reversíveis
– Conceito, **101**

C

Código Civil
– art. 2º, § 1º da Lei de Introdução, **16**
– art. 1.059, **104**
Concessão de obra pública, **39 e ss.**
Concessão de serviço público
– conceito, **16/17**
– distinção entre concessão e terceirização, **34 e ss.**
– flexibilização da concessão, **53/54**
Concessionária
– atuação "em nome do Poder Público", **35 e ss.**
– exigência de que seja uma nova pessoa jurídica, **55/56**
– transferência do controle societário, **33/34**
Concessões vigentes em 13.2.95. Situações possíveis e conseqüências legais – Quadro sintético, **107 e ss.**
Consórcios
– habilitação ou qualificação econômico-financeira, **68 e ss.**
– responsabilidade solidária, **68 e ss.**
– somatório proporcional de valores para efeito de habilitação ou qualificação econômico-financeira, **68 e ss.**

Constituição Federal
– art. 5º, XXIV, **102**
– art. 5º, XXXIII e XXXIV, **44**
– art. 37, XIX e XX, **56**
– art. 37, XXI, **65 e ss., 74 e 77**
– art. 37, § 6º, **36**
– art. 171, § 2º (revogado), **85**
– art. 175, **15, 18, 24, 58, 89 e 109**
– art. 175, parágrafo único, **102**

D

Decreto Federal 30/91, **81**
Dispensa e inexigibilidade de licitação, **27/28**
Distinção entre concessão de serviço público e concessão de obra pública, **39 e ss.**
Distinção entre concessão e permissão, **16/17**

E

Edital da concessão
– conteúdo, **62/63**
– impugnação, **62**
Empresas estatais
– classificação, **28/29**
– limitação à participação em licitação para concessão, **55/56**
Equação econômico-financeira da concessão, **56, 86/87 e 95 e ss.**
Estudo de viabilidade econômico-financeira, **49 e ss.**
Extinção da concessão
– advento do termo contratual, **100 e ss.**
– anulação, **104/105**

– caducidade, **102 e ss.**
– caducidade e intervenção, **102/103**
– encampação, **102**
– falência ou extinção da concessionária, **105**
– modalidades, **100**
– quadro sintético, **106**
– rescisão, **104**
– rescisão amigável, **105**

F

Fiscalização da concessão, **36 e ss.**

G

Garantia de cumprimento de proposta, **54/55**

I

Interesse público
– conceito, **87/88**
– interesse coletivo primário, **53**
Intervenção conforme à Constituição, **32/33**

J

Julgamento de propostas, **78 e ss.**

L

Lei 6.404/76
– art. 278, § 1º, **55 e 69 e ss.**
Lei 8.666/93
– art. 4º, **44**
– art. 6º, IX, **49**
– art. 7º, § 2º, **49**
– art. 21, § 2º, **57**
– art. 21, § 4º, **46**
– art. 24, V, **27**
– art. 24, VIII, **28**
– art. 25, **27**
– art. 30, II, **74 e ss.**
– art. 30, § 1º, **74 e ss.**
– art. 31, III, **54/55**
– art. 31, §§ 2º e 3º, **64 e ss.**
– art. 32, § 1º, **78**
– art. 33, III, **68 e ss. e 77**

– art. 33, V, **69 e ss.**
– art. 39, **61**
– art. 41, §§ 1º e 2º, **62**
– art. 43, § 6º, **55**
– art. 45, § 2º, **85**
– art. 45, § 3º, **80**
– art. 45, § 4º, **80**
– art. 46, **80**
– art. 55, XIII, **105**
– art. 56, § 1º, **65**
– art. 65, **25/26**
– art. 114, **57/58**
– art. 124, **16**
– art. 124, parágrafo único, **49**
Lei 8.987/95
– art. 1º, **39**
– art. 3º, **36**
– art. 5º, **50, 61/62**
– art. 6º, **37, 101**
– art. 7º, III, **37**
– art. 9º, *caput,* **26 e 84**
– art. 9º, § 2º, **25 e 75 e ss.**
– art. 9º, § 3º, **25**
– art. 9º, § 4º, **25 e 75**
– art. 10, **98**
– art. 11, **50, 56, 96 e 97**
– art. 14, **16 e 42**
– art. 15, *caput,* **83/84**
– art. 15, § 3º, **51/84**
– art. 17, **84**
– art. 18, **63**
– art. 18, I, **50**
– art. 18, III, **63**
– art. 18, V, **63**
– art. 18, VI, **50 e 97**
– art. 18, VIII, **63, 95 e 97**
– art. 18, IX, **63**
– art. 19, **68 e ss.**
– art. 20, **55 e ss. e 63**
– art. 21, **51**
– art. 23, IV, **26**
– art. 23, XI, **101**
– art. 25, § 1º, **29, 56**
– art. 26, **30 e ss. e 56**
– art. 27, **30 e ss. e 103**
– art. 29, **37**
– art. 29, V, **99**
– art. 29, XII, **37**
– art. 32, **103**

ÍNDICE ALFABÉTICO-REMISSIVO

– art. 33, **103**
– art. 34, **103**
– art. 35, **100**
– art. 35, § 2º, **101**
– art. 36, **100** e ss.
– art. 37, **102**
– art. 38, **102** e ss.
– art. 39, **104**
– art. 42, **108/109**
– art. 43, **108/109**
Lei 9.074/95
– art. 2º, **19**
– art. 27, **58**
– art. 29, **58**
Lei 9.472/97
– art. 99, **89**
Lei Estadual 7.835/92 (Estado de São Paulo)
– art. 4º, **27**
– art. 10, **89**
Licitação de melhor técnica, **79** e ss.
Licitação de menor preço, **78/79**
Licitação de técnica e preço, **81/82**
Licitação para concessão
– alteração do edital, **46**
– ato de justificação prévia, **61/62**
– audiência pública, **61/62**
– capacidade técnica – modalidades, **74**
– capacidade técnica específica, **74** e ss.
– capacidade técnica específica – decisão do Tribunal de Contas da União a respeito, **74** e ss.
– capacidade técnica específica – exigência obrigatória da capacidade do profissional e da empresa, **74** e ss.
– capital ou patrimônio líquido mínimo, **64** e ss.
– concorrência, **57/58**
– consórcios – habilitação ou qualificação econômico-financeira, **68** e ss.
– consórcios – responsabilidade solidária, **68** e ss.
– conteúdo do edital, **62/63**
– desempate, **85**
– dever de licitar, **27** e ss.
– dispensa e inexigibilidade, **27** e ss.
– garantia de cumprimento de proposta, **54/55**
– habilitação ou qualificação econômico-financeira, **64** e ss.
– habilitação ou qualificação técnica, **74** e ss.
– impugnação do edital, **62**
– leilão, **57**
– modalidades, **57** e ss.
– pré-qualificação, **57/58**
– princípios, **42** e ss.
– princípio da economicidade, **42**
– princípio da igualdade, **44/45**
– princípio da legalidade, **42**
– princípio da moralidade, **42/43**
– princípio da publicidade, **43/44**
– princípio da razoabilidade, **46/47**
– princípio da vinculação ao instrumento convocatório, **45/46**
– princípio do julgamento objetivo, **45**
– propostas – desclassificação, **84/85**
– tipos de licitação, **78 e 82** e ss.

M

Modalidades de licitação, **57** e ss.

N

Negociação, **45/46**

P

Permissão de serviço público
– distinção entre permissão e concessão de serviço público, **16/17**
Planejamento da concessão, **49** e ss.
Prazo da concessão
– prorrogação, **88** e ss.
– relação entre o prazo e a equação econômico-financeira da concessão, **86/87**
Privatização da concessão
– modalidades, **58**
Processo de contratação
– etapas, **48** e ss.
Projetos associados
– conceito, **50/51**
Publicidade

- distinção entre publicidade e publicação, **43/44**
- distinção entre publicidade *erga omnes* e *erga partes,* **44**

R

Reajuste de preços
- conceito, **91/92**

Reajuste de tarifas
- conceito, **95 e ss.**
- não homologação pelo poder concedente, **99**

Receitas alternativas, complementares ou acessórias
- conceito, **50/51**

Revisão de preços
- conceito, **92 e ss.**

Revisão de tarifas
- conceito, **95 e ss.**
- previsão no contrato, **96/97**

S

Serviço público
- coleta de lixo, **19/20**
- conceito de serviço público, **17 e ss.**
- energia elétrica, **20/21**
- limpeza urbana, **19**

Serviço público passível de concessão
- conceito, **18 e ss.**

Sociedade de propósito específico, **55/56**

Subcontratação
- conceito, **29 e ss. e 56**
- conteúdo, **56**
- previsão legal, **56**

Subconcessão
- conceito, **29 e ss.**
- licitação prévia, **30 e ss.**

T

Tarifa
- conceito, **22 e ss.**
- distinção entre taxa, tarifa, preço (privado) e preço semiprivado ou quase-privado, **22/23**
- equação econômico-financeira da concessão, **56 e 86 e ss.**
- fixação, **84**

Terceirização
- Distinção entre concessão de serviço público e terceirização, **34 e ss.**

Tipos legais de concessão, **39 e ss.**

Trabalho elaborado pela Presidência da República sobre *Concessões de Serviços Públicos no Brasil,* **96/97**

Transferência da concessão
- conceito, **29 e ss.**
- licitação prévia, **30 e ss.**
- sem anuência prévia do poder concedente – conseqüência, **103**

Transferência do controle societário da concessionária, **33/34 e 103**

Tribunal de Contas da União
- decisão referente à exigência de capacidade técnica específica, **77**

U

Usuário do serviço público
- destinatário da concessão, **88**
- participação na fiscalização, **36 e ss.**

* * *